AF218174

Como desees

Primera edición en este formato: junio de 2025
Título original: *As You Wish*

© Cary Elwes, 2014
© de la traducción, Luz Achával Barral, 2019
© de esta edición, Futurbox Project, S. L., 2025
Todos los derechos reservados, incluido el derecho de reproducción total o parcial en cualquier forma.
Publicado mediante acuerdo con el editor original, Touchstone, una división de Simon & Schuster, Inc.
Ninguna parte de este libro se podrá utilizar ni reproducir bajo ninguna circunstancia con el propósito de entrenar tecnologías o sistemas de inteligencia artificial. Esta obra queda excluida de la minería de texto y datos (Artículo 4(3) de la Directiva (UE) 2019/790).

Imagen de cubierta: Imágenes de *La princesa prometida*, cortesía de Act III Productions LP y The Princess Bride, LTD. | Simon & Schuster

Publicado por Ático de los Libros
C/ Roger de Flor n.º 49, escalera B, entresuelo, oficina 10
08013, Barcelona
info@aticodeloslibros.com
www.aticodeloslibros.com

ISBN: 979-13-87592-06-6
THEMA: APF
Depósito Legal: B 10618-2025
Preimpresión: Taller de los Libros
Impresión y encuadernación: Liberdúplex
Impreso en España – Printed in Spain

CARY ELWES

CÓMO DESEES

HISTORIAS INCONCEBIBLES
DEL RODAJE DE

LA
PRINCESA PROMETIDA

Traducción de
Luz Achával

ÁTICO DE
LOS LIBROS

Para mi princesita, Dominique

ÍNDICE

ÍNDICE

PRÓLOGO

William Goldman dijo una vez en referencia a la industria cinematográfica: «Nadie sabe nada». *La princesa prometida* es la prueba número 1 en defensa de esta perogrullada.

Cuando empecé mi carrera como cineasta, pensé, inocentemente de mí: «¿Por qué no hacer una película basada en *La princesa prometida?*». Debería de ser algo sencillo. Es una historia brillante, escrita por uno de los mejores escritores estadounidenses. ¿Por qué no iban a subirse todos al carro? Poco sospechaba que, durante quince años, había sido la historia que ningún estudio quería tocar. Afortunadamente, Norman Lear, mi jefe en *Todo en familia* y el hombre al que llegaría a llamar mi segundo padre, creía en este maravilloso cuento de hadas fracturado.

Rodar *La princesa prometida* fue una de las mejores experiencias de mi vida. Viví en Inglaterra durante seis meses, trabajé con viejos amigos y con personas que se convertirían en viejos amigos y dirigí una película basada en el libro que más me gusta del mundo. No hay nada más satisfactorio.

Cuando comienzas una película, tienes una idea de cómo quieres que sea, pero nunca sabes si alguien más compartirá tu interés. En una ocasión, Bill Goldman se refirió al libro que quería en su lápida como una historia excéntrica. Cuando llegó el momento del estreno de la película, nadie tenía ni idea de cómo venderla. ¿Era un cuento de hadas? ¿Una aventura de espadachines? ¿Una historia de amor? ¿O era simplemente una sátira disparatada? Lo cierto es que era, y es, todo eso. Nada fácil de capturar en un tráiler de dos minutos o un anuncio de la tele de treinta segundos.

Tuvimos cierto éxito entre la crítica, pero solo obtuvimos un beneficio moderado. Por suerte, a través de los VHS, los DVD y la televisión, consiguió arraigarse, y durante los últimos veinticinco años, su popularidad ha crecido. No tengo palabras para explicar lo placentero que me resulta cuando gente que la vio por primera vez cuando eran niños me dice cuánto les gusta a sus hijos. Qué emoción saber que una película en la que has participado forma parte del legado a futuras generaciones.

Leer el libro de Cary me ha hecho recordar momentos maravillosos. Elwes ofrece un precioso relato de lo que para mí, y estoy seguro de que para todos nosotros, fue una de las mayores experiencias creativas de nuestras vidas. Nos muestra como solo él puede, a través de la mirada del hombre de negro, el mundo de los RAG, el Milagroso Max y los Acantilados de la Locura. Y lo hace con gracia y estilo. Así que acurrucaos en un rincón acogedor y divertíos asaltando el castillo.

Rob Reiner

INTRODUCCIÓN

En el escenario del Alice Tully Hall, en el Lincoln Center, rodeado de miembros del reparto y algunos del equipo, a muchos de los cuales llevaba años sin ver, siento una sensación casi sobrecogedora de gratitud y nostalgia. Nos hemos reunido aquí, en el Festival de Cine de Nueva York, para celebrar el vigésimo quinto aniversario de *La princesa prometida,* una película cuya popularidad y repercusión abarca, ahora, generaciones.

Ese hecho por sí solo me deja atónito: ¿cómo puede una película concebida de manera tan estrafalaria y modesta alcanzar tan elevada posición en el panteón de la cultura popular? Pero lo que realmente me impresiona, mientras recorro la hilera con la mirada y observo los rostros de mis colegas actores, es lo rápido que ha pasado el tiempo. ¿De verdad hace ya veinticinco años? ¿Un cuarto de siglo? El paso del tiempo se hace notar especialmente en aquellos que faltan, el gran Peter Falk y ese hombre tan dulce como inmenso, André el Gigante.

Pero para contrarrestar la tristeza está la camaradería de estar de nuevo con aquellos que se encuentran aquí esta noche y que estuvieron a mi lado hace tantos años: Rob Reiner, Billy Crystal, Carol Kane, Wallace Shawn, Chris Sarandon, y Mandy Patinkin, por no mencionar a Robin Wright, con un aspecto tan encantador como el día en que la vi por primera vez, hace tantos años. Aunque, pensándolo bien, siempre ha puesto el listón absurdamente alto en lo que a belleza respecta, y no parece haber cambiado. Los únicos que no han podido venir son Christopher Guest y Fred Savage, que, por desgracia, están ocupados con otros proyectos.

Esta es una noche de alfombras rojas y recuerdos, de entrevistas y una proyección llena de risas y alegría. Es también solo la tercera vez que he visto la película completa junto a un público desde su estreno en 1987 en el Festival Internacional de Cine de Toronto. Ese evento previo, aunque exitoso, no produjo exactamente el tipo de respuesta que uno esperaría de una película destinada a convertirse en un clásico.

¿Es justo referirse a *La princesa prometida* como un clásico? ¿El cuento de hadas sobre piratas y princesas, gigantes y magos, los Acantilados de la Locura y los Roedores de Aspecto Gigantesco? Sin duda alguna, es una de las películas citadas más a menudo en la historia del cine, con frases como:

🖐 «Hola. Me llamo Íñigo Montoya, tú mataste a mi padre. Prepárate a morir».

🖐 «¡Inconcebible!».

🖐 «Tu furor es un misterio».

🖐 «¡Divertíos asaltando el castillo!».

🖐 «No te mezcles en una guerra de conquista en Asia».

🖐 «La vida es dolor, alteza. Quienquiera que diga lo contrario, pretende engañaros».

🖐 «Dormid a gusto y soñad con enormes mujeres».

🖐 «No soportaría que murieseis avergonzado».

🖐 «Por favor, considérame como una alternativa al suicidio».

🖐 «Nos amamos. ¿Crees que ocurre todos los días?».

🖐 «Lamento no complaceros».

🖙 «¡No soy una bruja, soy tu mujer!»

🖙 «El maddimonio. ¡Ede acueddo bendito!».

🖙 «Parecéis un hombre decente. Lamentaré mataros…»
«Vos también lo parecéis. Lamentaré morir».

🖙 «La muerte no detiene al amor. Lo único que puede hacer es demorarlo».

🖙 «¡Nunca luches contra un siciliano cuando la muerte está al acecho!».

🖙 «Hay pocos bustos perfectos en este mundo. Sería una lástima estropear el tuyo».

Y por supuesto…

«Como desees».

Clásico: una pequeña palabra que conlleva un enorme peso, aunque algunas veces se usa con demasiada ligereza; una reputación ganada con el paso del tiempo, y dada solo a escasas películas que resisten repetidas visualizaciones. Dicho esto, *La princesa prometida* ha envejecido extraordinariamente bien. Creo que esto se debe, en parte, a la calidad del guion, la dirección y al maravilloso conjunto de actores con los que tuve el auténtico placer de trabajar.

Pese a que son los fans quienes realmente han mantenido vivo el recuerdo de la película, cada uno de nosotros, miembros del reparto, tiene recuerdos de la creación del filme, momentos que han seguido con nosotros a lo largo de los años. Todos tenemos historias sobre encuentros o momentos, como que nos aborden y nos pidan recitar una de las frases favoritas de *La princesa prometida*. Mandy jura que apenas pasa un día sin que alguien le pida, en alguna parte, que recite las palabras más famosas de Íñigo Montoya, en las que jura vengarse en nombre de su padre.

«Y nunca los decepciono», dice.

Hace poco, leí en alguna parte que a un pasajero le pidieron que abandonara un avión porque su camiseta de Montoya con la famosa frase asustó a uno de los pasajeros que nunca había visto la película. Después de que se lo explicaran, al parecer el pasajero de la camiseta tuvo permiso para permanecer en el avión.

El propio Mandy tiene un largo e impresionante currículum. Ha ganado un Tony, un Emmy y otras muchas incontables distinciones. Pero, como la mayoría de los que estamos en el Lincoln Center esta noche, sabe que algún día en su obituario aparecerá, de forma más prominente que ninguna otra cosa, su relación con *La princesa prometida*.

Y no le parece nada mal, como al resto de nosotros.

Puede que haya pocos bustos perfectos en el mundo, pero no hay pocos actores que alcancen un nivel de reconocimiento o fama por la popularidad (o, en algunos casos, ignominia, que es otra historia totalmente diferente) de una película concreta y su papel en la misma. Puede convertirse en una bendición o en una maldición; a veces un poco de ambas, dependiendo de las circunstancias. Durante las tres últimas décadas, he aparecido en casi un centenar de películas y series de televisión. He sido protagonista y actor secundario, y he trabajado en prácticamente todos los géneros. Pero haya hecho lo que haya hecho o haga lo que haga, *La princesa prometida* será siempre la obra con la que más se me relacione; y Westley, con su bigotito y coleta, el personaje al que estaré unido de por vida.

No *Tiempos de gloria,* que recibió más elogios de la crítica en su estreno y que ganó más premios; no *Días de trueno* o *Twister,* ambos éxitos de la taquilla veraniega. Ni siquiera *Saw,* que fue rodada en dieciocho días con un presupuesto más pequeño que el que la mayoría de las películas se gastan en el *catering* y recaudó más de cien millones de dólares; y no me quejo.

Cuando comencé *La princesa prometida* era muy joven y bastante novato en el mundo del cine. Me dieron un papel en una película que, francamente, podría haber sido interpretada como absurda, si no fuera por el hecho de que estaba muy bien escrita, muy bien dirigida y poblada de un elenco con un talento increíble. Mientras miro a Rob Reiner, el director, en el escenario, y a William Goldman, el guionista, que tan hábilmente y con tanto amor adaptó el guion de su igualmente imaginativa novela, pienso en la increíble suerte que tuve de formar parte de este proyecto. De que me sacasen de la relativa oscuridad y me pusieran en un plató con estos dos hombres, con un talento terrible, y este extraordinario elenco.

Mentiría si dijera que teníamos la más mínima corazonada de que nuestra película, hecha con un presupuesto modesto en un periodo de menos de cuatro meses y rodada en Londres y sus alrededores y en el magnífico Distrito de los Picos, en Derbyshire, estaba destinada a convertirse en un clásico. Pero creo que resiste los rigores del tiempo porque parece ser una historia atemporal: un cuento de amor. De héroes y villanos. Y, aunque es una película de los ochenta, no hay nada en la pantalla que delate su fecha de nacimiento (exceptuando, tal vez, a los Roedores de Aspecto Gigantesco).

En lugar de una banda sonora saltarina de tecnopop, tenemos el elegante *slide* de guitarra de Mark Knopfler; en lugar de peinados cardados y hombreras, tenemos a un espadachín y una princesa con el estilo de la época. Tal vez, la única cosa que sirve como sello temporal es el videojuego de Fred Savage al comienzo de la película (que, por cierto, es lo que arranca la primera carcajada). Es, por supuesto, una película dentro de una película. Un cuento dentro de un cuento, al igual que el libro en sí. Incluso en las escenas entre Peter Falk y Fred Savage, un abuelo que lee a su nieto enfermo en la cama, encontramos una gracia atemporal y una elegancia en las imágenes. Y luego está el diálogo:

«Besándose otra vez. ¿Tienes que leerme el trozo en que se besan?».

¿Qué chico preadolescente no ha dicho o pensado eso? ¿O al menos algo similar? Es el tipo de diálogo que resiste. Que perdura. De hecho, es como un buen vino sin iocaína parece mejorar con el tiempo.

La película, lo creas o no, recibió críticas mayormente positivas, si bien, en ocasiones, algo confusas. Incluso aquellos que alababan la película no sabían muy bien qué pensar. ¿Era una comedia? ¿Una historia de amor? ¿Un cuento de aventuras? ¿Una fantasía? Lo cierto es que era todas esas cosas y más. Pero Hollywood aborrece todo lo que no es fácilmente catalogable, y, en consecuencia, la película no ganó tanto terreno como habría merecido, recaudando la respetable, aunque difícilmente apabullante cifra de 30,8 millones de dólares cuando se estrenó (60 millones de dólares si lo ajustamos por la inflación). Eso quiere decir que recaudó casi el doble del presupuesto, pero, aun así, es solo una décima parte de la película que más recaudó ese año, *Atracción fatal*, hecha solo una semana antes.

Unos meses después de terminarla, todos seguimos con nuestras vidas y dejamos atrás *La princesa prometida*. Había otros proyectos, otras películas, familias a las que criar, carreras de las que ocuparse. Y entonces, aunque no puedo precisar el momento en que ocurrió realmente, algo extraño sucedió: *La princesa prometida* volvió a la vida. Esto puede atribuirse, en gran parte, al momento justo que se vivía; en particular, al nuevo mercado de vídeos que se estaba desarrollando. *La princesa prometida* se volvió tremendamente popular en formato VHS. Y a través de este medio relativamente nuevo, la película comenzó a ganar terreno, y no solo se alquilaba. Después de un cuidadoso escrutinio a manos de los que hacen estas cosas, quedó claro que los fans no solo la recomendaban a sus amigos y familiares; también compraron una copia para sus propias videotecas domésticas. Se convirtió en ese tipo de película extraña que veían y disfrutaban, y finalmente adoraban, familias enteras. Se pasaban copias de generación en generación, de la misma manera que padres nostálgicos presentaban a sus hijos la magia de *El mago de Oz* con la intención de compartir una de sus películas favoritas. Lo mismo ocurrió con *La princesa prometida*. Padres y madres con sus hijos, e incluso sus nietos, podían ver juntos la película y disfrutarla por lo que era. No había nada de condescendiente ni vergonzoso al respecto. Nada ofensivo. Parecía tan inteligente y divertida la décima vez que la veías como la primera.

Hoy, *La princesa prometida* es considerada una de las películas más populares y de mayor éxito de la historia de Hollywood. Figura en el *ranking* de «100 años… 100 pasiones» del Instituto Americano del Cine (AFI, por sus siglas en inglés), está en la lista de Bravo de las 100 películas más famosas, y el guion de Goldman aparece en el *ranking* del Gremio de Escritores de Estados Unidos como uno de los mejores 100 guiones jamás producidos.

Todas estas cosas, y muchas más, me pasaban por la cabeza aquella noche en el Lincoln Center. En algún momento, nos preguntaron qué significaba para nosotros la película. No tuve tiempo de explicar de manera adecuada cómo me sentía exactamente, así que eso es lo que estoy intentando hacer ahora con este libro. Lo cierto es que la película me proporcionó una carrera en el mundo del cine y la vida que tengo hoy en día; una vida que me siento privilegiado de disfrutar. No es una exageración. Hubo otras películas que ayudaron, claro está, pero fue esta la que me dio a conocer en Hollywood y me permitió quedarme allí.

A día de hoy, todavía recibo cartas de niños de todo el mundo, que me envían dibujos y bocetos de piratas que luchan o de princesas que los besan. Incluso tengo que ir con cuidado de no caminar por el pasillo equivocado en Toys "R" Us, por temor a encontrarme, de repente, bajo el asedio de pequeños pillastres con espadas de plástico y escudos.

Todos aquellos relacionados con la película han oído ya historias de bodas inspiradas en *La princesa prometida,* donde la novia y el novio van vestidos como Buttercup y Westley y el cura recita incluso el diálogo de Peter Cook. O proyecciones nocturnas interactivas a las que hay que ir disfrazado, no muy diferentes de las que se hacen de *The Rocky Horror Picture Show*, donde se arrojan a la pantalla cosas como cacahuetes después de la famosa frase de Fezzik. Las noches de *La princesa prometida* en los cines Alamo Drafthouse, un cine-restaurante nacional, se han vuelto tan populares que ahora producen su propio vino de *La princesa prometida*.

No puedo hablar por todos, pero lo considero una bendición. Sin duda, *La princesa prometida* se ha convertido en un fenómeno francamente notable. La película cuenta literalmente con millones de devotos. Saben cada frase, conocen a cada personaje, cada escena. Y, si te gustaría saber un poquito más sobre cómo se hizo tu película favorita, visto a través de los ojos de un joven actor que ganó mucho más de lo que había apostado, lo único que puedo decir es… *Como desees.*

1

MI ENCUENTRO CON ROB

BERLÍN, 29 DE JUNIO DE 1986

La nota solo decía: IMPORTANTE.

Era un mensaje de mi agente, Harriet Robinson, que un botones había deslizado bajo la puerta de mi habitación en el hotel Kempinski, donde me alojaba.

Inmediatamente, tomé el teléfono y marqué su número. Esa sería la llamada que cambiaría mi vida. Después de que Harriet contestara, me contó que había organizado una reunión importante para mí. Que el director de *This is Spinal Tap*, Rob Reiner, y su socio de producción, Andy Scheinman, planeaban venir a Berlín para verme.

—¿De verdad?

—Sí.

—¿Para qué?

Harriet dijo que estaban estancados por un programa de preproducción muy apretado y que aún estaban buscando a un actor para que interpretara el papel central de Westley en una versión cinematográfica de *La princesa prometida*.

—¿*La princesa prometida* de William Goldman?

—Eso creo, sí —respondió.

No podía creerlo. Había leído ese libro cuando tenía solo trece años. Y ahora el director y el productor habían pensado en mí para interpretar uno de los papeles protagonistas. Por suerte para mí, sus planes no cambiaron.

Un poco de contexto sobre dónde estaba yo en aquel momento. Era un neófito de veintitrés años, que solo había aparecido en un puñado de películas. Pero ya sabía lo que quería de la vida. Sabía que quería ser actor. Había nacido y crecido en Londres, y acudido brevemente a la Academia de Música y Arte Dramático de Londres (LAMDA, por sus siglas en inglés), uno de los centros de formación más prestigiosos para actores de teatro serios. Me gustaba estudiar, pero mi meta final por aquel entonces solo era trabajar como actor, preferiblemente en películas. Además, ya había estudiado lo suficiente cuando me mudé a Nueva York para ir al Actors Studio y al Instituto de Teatro y Cine Lee Strasberg. Después de dejar la LAMDA, contraté a una agente, Harriet, y comencé a hacer audiciones.

Ya había sido asistente de producción en un puñado de películas, incluida la conocida *Octopussy* de James Bond, donde tuve la experiencia única de que me pidieran llevar en coche, al trabajo un par de veces, al mismísimo Bond, Roger Moore. Os aseguro que estaba hecho un manojo de nervios. Lo único que me pasaba por la cabeza sin parar era: «¿Y si mato a Bond de camino al trabajo en un accidente de tráfico? ¿Qué pasaría? Sin duda, acabaría con mi floreciente carrera en la industria cinematográfica». Ya veía los titulares: «¡Un humilde asistente de producción mata a James Bond!». De hecho, en uno de nuestros trayectos matutinos, el señor Moore levantó la vista de su periódico y dijo, con ese modo suyo tan calmado y compuesto: «Puedes acelerar un poco si quieres».

Para mediados de los ochenta, ya tenía un currículum corto, pero nada mediocre. Mi primera película, estrenada en 1984, fue *Otro país,* un drama histórico basado en la popular obra *West End,* de Julian Mitchell, con Rupert Everett y Colin Firth. Había sido coprotagonista de Helena Bonham Carter en *Lady Jane,* un drama de época dirigido por Trevor Nunn sobre *lady* Jane Grey, que fue reina de Inglaterra durante nueve días y cuyo corto reinado siguió a la muerte del rey Eduardo VI. Al parecer, esta fue la película que Rob vio, y la que lo convenció para que apostara por mí.

Cuando terminé *Lady Jane,* Trevor Nunn me ofreció la oportunidad de pasar un año de residente en la Royal Shakespeare Company, de la que era director. Me sentí halagado casi hasta la perplejidad: la mayoría de actores jóvenes habrían matado por una oportunidad así. Pero, por aquel momento, yo vivía en Londres, y sabía que pasar un año con la RSC, por muy prestigiosa que fuera, era el equivalente a hacer una tesis en teatro: el salario ni siquiera cubriría mi alquiler. Aun así, valoré la oferta muy seriamente, ya que venía de un director con un gran talento a quien admiraba y aún admiro muchísimo. Puede que las cosas hubieran sido diferentes si hubiera dicho que sí. ¿Quién sabe? Me arrepiento de muy pocas cosas de la vida que he tenido la suerte de vivir. Pero una cosa parece segura: si hubiera aceptado la residencia en la RSC, no habría estado libre para aceptar el papel de Westley. De hecho, puede que ni siquiera hubieran pensado en mí. Se podría decir que tuve bastante suerte, ya que, por lo que resultó, estaba en el lugar correcto en el momento indicado.

Para cuando Rob Reiner había empezado a buscar a alguien para representar el papel del protagonista masculino, yo tenía un currículum corto, pero tal vez digno de investigar. Ya fuera el destino o una hábil representación, o una combinación de ambas, me tuvieron en cuenta para el papel del mozo de labranza convertido en pirata, Westley; un personaje creado en una renombrada novela que durante mucho tiempo se había considerado imposible de adaptar a la pantalla. Y una novela que ya había leído y disfrutado de niño.

¿Cómo sucedió esto? Bien, resulta que mi padrastro trabajaba en el departamento literario de la William Morris Agency en Los Ángeles y, después de marcharse para trabajar en el cine, produjo el primer guion de William Goldman adaptado de la novela *El blanco móvil,* de Ross Macdonald. La versión cinematográfica se estrenó en 1966 bajo el mismo título en Gran Bretaña, pero se le cambió el nombre a *Harper* para el estreno en Estados Unidos, donde tuvo un éxito moderado y ayudó a establecer más el estrellato de su joven protagonista, Paul Newman. Y tampoco le fue mal a Goldman, que ganó un premio Edgar al mejor guion y posteriormente se convirtió en uno de los guionistas más célebres de Hollywood.

Mi padrastro, que era un gran admirador de Goldman, tenía, como es natural, un ejemplar de *La princesa prometida* en su biblioteca y un día me lo dio para que lo leyera. Sobra decir que me encantó. Recuerdo leer la propia descripción del autor de las «partes buenas» en la novela ficticia de S. Morgenstern:

Esgrima. Peleas. Tortura. Veneno. Amor verdadero. Odio. Venganza. Gigantes. Cazadores. Hombres malos. Bellas damas. Serpientes. Arañas. Dolor. Muerte. Hombres valientes. Hombres cobardes. Hombres fuertes. Persecuciones. Huidas. Mentiras. Pasión. Milagros.

Si eso no es emocionante para un chico de trece años, no sé qué lo será.

Cuando recibí la llamada de Harriet, me encontraba en Berlín rodando una pequeña película *indie* llamada *Maschenka*, basada en la novela semiautobiográfica de Vladimir Nabokov, el hombre que nos dio uno de los ejemplos más controvertidos de la literatura del siglo xx, *Lolita*. La película era una coproducción anglo-finlandesa-alemana y se rodaba tanto en Alemania como en Finlandia.

Esto ocurrió a principios del verano de 1986, solo unos meses después del desastre nuclear de Chernóbil, que causó mucho miedo en aquel momento. De hecho, Harriet me dijo que Rob y Andy habían pensado seriamente en cancelar el viaje por «todo el asunto nuclear ese». Lo que yo recuerdo es que no nos preocupaba demasiado a aquellos que estábamos trabajando en nuestra pequeña coproducción europea. Me acuerdo de una reunión de equipo convocada en un plató en un lugar llamado Katajanokka, en Helsinki, solo una semana antes, y de que nos dijeron que no había nada que temer porque los vientos estaban a nuestro favor y llevarían la lluvia radioactiva en otra dirección. De lo que sí que nos advirtieron fue de que no bebiéramos leche del lugar, como precaución. Al menos no hasta que se declarara que era segura. Como muchos otros del equipo, volví al trabajo rascándome la cabeza, preguntándome si no deberíamos tomarnos el asunto más en serio. Después de todo, estábamos solo a menos de 1300 kilómetros del lugar donde se produjo el accidente. Todo lo que puedo decir es que las pólizas de seguros de la industria del cine de aquel entonces no eran tan sofisticadas como ahora, así que parar la producción no era realmente una opción.

De todos modos, no es exactamente lo que te gustaría oír, pero el espectáculo continuó. Y, hasta donde sé, gracias a Dios, nadie enfermó a causa de la experiencia. Las últimas semanas del rodaje fueron en Berlín, en los estudios Babelsberg, y mientras estaba allí, acabé alojándome en el Kempinski.

Le insistí a Harriet que me diera más información. Me dijo que lo único que sabía era que Rob y Andy querían ver a todos los actores británicos que encajaran en el papel y que, obviamente, estaban interesados en mí. Más tarde, supe que Rob había recibido una llamada de la directora de *casting*, Jane Jenkins, que le había sugerido que viera *Lady Jane* y le había dicho que, si le gustaba, tomara un avión para ir a conocerme. Parecía razonable pensar que me encontraba en una buena posición si estaban viajando hasta tan lejos; y no solo eso, sino, además, a una región que podía estar contaminada con material radioactivo. Yo no estaba acostumbrado a ese nivel de interés, y (aunque ahora pasa bastante a menudo) ningún director había venido nunca antes a visitarme durante un rodaje.

—¿Tengo que hacer una prueba para el papel? —pregunté, temeroso de la respuesta.

—Es posible, han venido desde muy lejos —contestó Harriet.

Como actor, en las pruebas pierdes más papeles de los que consigues. Aprendes bastante rápido que la mayoría de las cosas están fuera de tu control y que es mejor «dejarlo en manos de Dios» y «acostumbrarse a las decepciones», como Goldman tan elocuentemente hizo que dijera el hombre de negro en el libro de *La princesa prometida*. Seguía diciéndome a mí mismo que siempre habría otra película, otro trabajo en el horizonte; que no importaba. Pero en el fondo sabía que no engañaba a nadie, mucho menos a mí mismo. Esto era mucho más que «un trabajo más». Estos eran dos de mis héroes, Bill Goldman y Rob Reiner, ¡trabajando juntos!

Aunque la novela se publicó en 1973 y recibió el aplauso inmediato y una respuesta apasionada por parte de los lectores, ya había cumplido trece años en el momento en que se me ofreció interpretar el papel de Westley. El guion de Goldman, que había adaptado de su propio libro, se convirtió en una especie de propiedad legendaria en los círculos de Hollywood y aquellos al mando en los estudios declararon que se trataba de una película imposible de hacer.

ANDY SCHEINMAN

Queríamos ver a todos los actores que pudieran interpretar el papel de Westley, y creo recordar que Colin Firth era uno de ellos. Recibimos una llamada diciendo que había un chico al que teníamos que ver en Alemania Oriental. Lo único que recuerdo es que fue justo después de Chernóbil. Y no es que me muriera de ganas de ir a Alemania Oriental. Miré mapas y había áreas grises donde estaba la lluvia radiactiva; no me gustaba la idea. Y Rob decía: «No vayas si no quieres». Pero lo hice. Solo recuerdo meterme corriendo en el hotel, como si fuera a servir de algo. Y dejar atrás una chaqueta de literalmente mil dólares. No tenía tanto dinero y, desde luego, no tenía ninguna otra chaqueta como esa, pero no podía llevarla más. Así que la dejé.

Goldman había escrito él mismo el guion con gran esfuerzo y había declarado hacía tiempo que era su preferido de todos cuantos había escrito. Un auténtico elogio, ya que en aquel momento su obra incluía *Marathon Man, Dos hombres y un destino* y *Todos los hombres del presidente* (con los dos últimos había conseguido incluso premios Óscar al mejor guion).

Y así, pese al impresionante currículum y la pasión de Goldman por la obra, el proyecto parecía destinado a languidecer en lo que se conoce vulgarmente en el mundillo como el «infierno del desa-

rrollo», es decir, a pasar de un estudio a otro sin parar, sin que ninguno de ellos fuera capaz de llevarlo a cabo o sin que nadie se interesara por él. Como el mismo Goldman dijo una vez: «Ni siquiera François Truffaut pudo hacer esta película».

Se convirtió en ese guion legendario sin producir, e incluso se lo etiquetó como tal en la prestigiosa revista francesa de cine *Cahiers du Cinéma*. Así pues, parecía que el libro favorito del autor estaba destinado a no ver nunca la luz del día…, es decir, hasta que cayó en las manos correctas.

Para aquellos que no lo sepan, hay que mencionar que la carrera de Rob Reiner en ese momento iba, sin ninguna duda, viento en popa. Había dejado de ser una simple estrella de comedias para demostrar ser un director de primera con una diestra habilidad a la hora de mezclar géneros con su trabajo en *Juegos de amor en la universidad* y, sobre todo *This Is Spinal Tap*, estrenada en 1984. Todo aquel al que le interesaba la música *rock* o la comedia se enamoró instantáneamente de la película y memorizó sus diálogos, en su mayoría improvisados. Fue la primera y, tal vez, la mejor de lo que se convertiría en una nueva categoría de cine y televisión, el falso documental, y fue Rob quien dirigió este proyecto con pericia desde su concepción hasta que alcanzó el estatus de película de culto del que disfruta ahora, incluso entre músicos. Tom Petty declaró una vez su debilidad por las viejas y atontadas estrellas del *rock* y reveló que, a menudo, él y los miembros de su banda se juntaban y recitaban frases de la película antes de salir al escenario. Rob también me dijo que cuando se reunió con Sting para ofrecerle el papel de Humperdinck, el músico le dijo que había visto *Spinal Tap* más de cincuenta veces y que nunca «sabía si reír o llorar». Para un director o guionista (los coautores de esa película fueron Harry Shearer, Michael McKean y Christopher Guest, que también formaría parte del elenco de *La princesa prometida*), ese debe de ser el mayor elogio posible.

Hacia la misma época, Rob estaba dando los toques finales a *Cuenta conmigo*, una adaptación de una novela de Stephen King que sería reconocida como una de las mejores historias que Hollywood jamás ha producido sobre el paso de la niñez a la madurez. Tras mi llegada a Londres, Rob organizó un pase privado para mí en los estudios Pinewood, y recuerdo que me conmovió profundamente. No había visto a unos niños actuando de manera tan honesta desde *Los 400 golpes* de Truffaut. Al ver *This Is Spinal Tap*, *Juegos de amor en la universidad* y *Cuenta conmigo*, supe que Rob estaba teniendo una buena racha. Sus películas eran muy diferentes en género y tono, y todas funcionaron muy bien. Era un director con una visión única que hacía películas memorables. Realmente, no había nadie más haciendo el tipo de trabajo que hacía él. Así que, con esa impresionante obra a sus espaldas, Rob se ganó el derecho a escoger su próximo proyecto basándose principalmente en lo que quería hacer en lugar de en lo que se esperaba de él. Prácticamente, se le concedió carta blanca. Por lo que tengo entendido, la conversación entre Rob y el entonces jefe de Columbia Pictures, iba a lanzar *Cuenta conmigo*, fue algo así:

—Lo que quieras —le dijo el jefe del estudio—. Cualquier cosa.

—¿De verdad? ¿Cualquier cosa? —respondió Rob con alegría.

—Sí.

—En ese caso quiero hacer mi libro favorito —respondió Rob.

—¿Cuál es?

—*La princesa prometida.*

—¡Cualquier cosa menos eso! —replicó al instante.

Y así, el proyecto se estancó durante un tiempo.

Pero Rob era perseverante. Aunque tiene un espíritu extraordinariamente cálido y generoso, y no es propenso al tipo de ego desenfrenado que no es poco común entre las altas esferas del talento de Hollywood, no es ningún pusilánime. De hecho, su clara determinación y su visión fueron las mayores responsables de que la película se convirtiera en una realidad.

El tiempo ha probado, sin duda, que Rob era el hombre adecuado para dirigir el proyecto. Como la mayoría de gente que la ha leído, era un gran admirador de la novela. También tenía una confianza suprema en su habilidad de mezclar los distintos géneros que llenaban sus páginas: amor, aventura, fantasía, drama, comedia, acción. Rob cogía estos elementos y lo ponía todo patas arriba. Se divertía haciéndolo y, a su vez, creaba una película divertida para los demás. Lograr esto requiere mucha seguridad, y no creo que muchos directores en aquel entonces, o ahora, hubieran podido sacarlo adelante.

Pido perdón a Bill Goldman, a quien no le gusta el término, pero Rob era realmente, a falta de una descripción mejor, un joven autor. Uno cuyo éxito le había permitido hacerse

ANDY SCHEINMAN

Por aquel entonces, Bill Goldman ya había contactado con el padre de Rob, Carl Reiner, para llevar a cabo el proyecto. Pero Carl no tenía tiempo, o no sabía cómo hacerlo, o lo que sea. Por el motivo que fuera, simplemente no sucedió. Unos trece años más tarde Rob me dijo: «Creo que es un gran libro y que tendríamos que intentar sacarlo adelante».

En un momento dado, casi lo cerramos con Columbia Pictures. Fue entonces cuando oí una de mis frases favoritas del mundo del cine. El jefe de Columbia dijo: «Ten cuidado con los guiones de William Goldman. Te engaña con su buena escritura».

ROB REINER

He admirado el trabajo de Goldman desde el primer libro que escribió, *The Temple of Gold,* y luego, *Your Turn to Curtsy, My Turn to Bow.* He leído literalmente todos los libros que ha escrito. Cuando estaba escribiendo un libro sobre una temporada en Broadway en 1968 llamado *The Season,* mi padre representó una obra ese año, titulada *Something different,* a la que Bill dedicó un capítulo de su libro. Poco después, Bill terminó *La princesa prometida* y se la envió a mi padre por si le interesaba adaptarlo para una película. Pero él no sabía qué hacer con ella. Ni siquiera sé si la leyó o no, pero me la dio porque sabía que era un gran admirador de Goldman. Tenía veintipocos en aquella época y no había dirigido nada. La leí y tuve una de esas experiencias en las que estás leyendo y sientes que el escritor se ha metido en tu cabeza. Al leer el libro, pensé: «Oh, Dios mío, tengo la misma sensación». Quiero decir que, sencillamente, me enamoré de él. Era lo mejor que había leído jamás. El tiempo pasó, hice *Todo en familia* y luego inicié mi carrera como director. Después de las primeras películas, pensé: «Bueno, hacen películas basadas en libros»; se me ocurrió buscar qué libro me había gustado especialmente, y recordé *La princesa prometida,* mi libro favorito de todos los tiempos. Así que inocentemente dije: «Me pregunto si podríamos hacer una película con este». No tenía ni idea, en aquel momento, de que un montón de gente ya lo había intentado: Norman Jewison, Robert Redford, François Truffaut... Aparecía en uno de esos libros de cine como uno de los mejores guiones jamás escritos que nunca habían sido producidos. Hice que mi agencia se pusiera en contacto con Bill para ver si quería reunirse conmigo. Él había visto *Spinal Tap* y yo estaba acabando mi segunda película, *Juegos de amor en la universidad.* Por entonces solo tenía el primer corte, pero organicé una proyección para que la viera. Todo esto solo para que Bill aceptara reunirse conmigo.

con casi todo el control artístico de sus proyectos. Estrenaba sus películas como él quería que se vieran, ya que se encargaba del último corte en las salas de edición, algo que hoy en día casi no ocurre. Y no usaba su influencia para acumular riquezas abrumadoras con éxitos de taquilla superficiales, sino para abordar algo mucho más ambicioso. Algo cercano y querido en su corazón.

¿Cómo podría alguien no admirar algo así?

Por lo visto, el mismo jefe de Columbia dijo a Rob: «De todos modos, nunca conseguirás los derechos, porque Goldman nunca permitirá que nadie la haga».

Así que Rob decidió seguir adelante y tratar de reunirse con Goldman, quien, para aquel entonces, había vuelto a adquirir los derechos de su propia novela, con el fin de convencerlo para que le cediera el material. Se llevó consigo a la persona que lo acompañaba a todas las reuniones: su compañero de producción, Andy Scheinman. Resultó que el jefe del estudio había sido exacto al describir la reticencia de Goldman hacia que se hiciera la película. Como Rob y Andy descubrirían pronto, era evidente que el escritor había perdido casi todo su entusiasmo por el mundo del cine. No le gustaba cómo los estudios lo habían tratado en el pasado, especialmente en lo que respectaba a este, su proyecto favorito. Y tampoco había tenido ninguna suerte con ellos, ni con nadie más, de hecho, a la hora de emprender aquel proyecto.

A fin de entender mejor el estado de ánimo del señor Goldman, tal vez debería compartir una pequeña historia sobre los diversos intentos de hacer la película. A mi entender, en un momento dado el proyecto recibió inicialmente un «sí» de 20th Century Fox, que compró el libro incluso antes de que fuera publicado, con Richard Lester (famoso por las películas de los Beatles *¡Qué noche la de aquel día!* y *Socorro*) como adjunto para dirigirla. Fue entonces cuando la persona a la que Goldman se refiere como el «tipo de la luz verde» (es decir, quien decide qué proyectos se hacen en el estudio) fue despedida de la Fox. Quiso la suerte que el siguiente «tipo de la luz verde» procediera a vaciar el escritorio de su predecesor (sorprendentemente, una práctica muy habitual en nuestro mundo), para empezar de cero. Fue en ese momento cuando Goldman volvió a comprar a la Fox los derechos de su libro (algo inaudito hasta el día de hoy, me imagino) para proteger su preciada obra e impedir que otra persona reescribiera el guion. Como Bill escribió en la edición del vigésimo quinto aniversario del libro, sintió que él era ahora «el único idiota que podía destruirlo».

Por aquel entonces, ninguno de los grandes estudios estaba dispuesto a tocar el material, excepto uno. Y lo creas o no, el tipo de la luz verde estaba en negociaciones con Goldman cuando también lo despidieron durante el fin de semana, justo cuando estaban a punto de cerrar el trato. Otro pequeño estudio de cine echó el cierre durante las negociaciones. En un momento dado, Norman Jewison, famoso por haber dirigido *Jesucristo Superstar*, *El violinista en el tejado* y *Hechizo de luna*, iba a realizarla como película independiente, pero no recaudó el dinero suficiente ni siquiera con un, entonces, prácticamente desconocido Arnold Schwarzenegger como Fezzik. Después de eso, John Boorman, Robert Redford, e incluso François Truffaut probaron suerte, pero por algún motivo no consiguieron hacerla despegar.

Así que tenía sentido que Goldman se mostrara reticente a dejar que su corazón se emocionara otra vez solo para volver a sufrir una decepción. Supongo que no se había «acostumbrado a las decepciones» en lo que respectaba a este proyecto en particular.

Por suerte para Rob y para todos nosotros, finalmente consiguió la bendición de Goldman, cosa que fue una hazaña en sí misma. Luego, acudió a su mentor, el productor Norman Lear (el genio detrás de la exitosa comedia de Rob *Todo en familia* y muchos otros clásicos como *Sanford and Son*, *Día a día*, *Los Jefferson*, *Buenos tiempos*, *Archie Bunker's Place* y *Maude*), para preguntarle si produciría la película. Lear leyó el guion, y de inmediato, aceptó financiarla. El proyecto sería el segundo de la nueva compañía de Lear, Act III Communications (el primero había sido *Cuenta conmigo*). El único requisito previo de Lear fue que la película debía cerrar un acuerdo de distribución

ROB REINER

Fui con Andy al apartamento de Bill en Nueva York y este abrió la puerta y dijo: «Este es mi libro favorito de todos los que he escrito en mi vida. Lo quiero en mi tumba». En esencia, el subtexto era: «¿Qué vais a hacer con él?» Y, así, entramos en su guarida y hablamos de lo que yo creía que había que hacer con el material. Había leído uno de los guiones y creía que se alejaban tanto del libro que no capturaban realmente la esencia de la novela. Bill estaba tomando algunas notas, y yo no sabía si le gustaba lo que estaba diciendo o no, pero a mitad de la reunión se levantó y fue a la cocina a buscar algo de beber. Yo me giré hacia Andy y le dije: «Dios, espero que esté yendo bien». Lo cierto es que no tenía ni idea. Y entonces, Bill volvió a la sala y añadió: «¡Bueno, yo creo que está yendo fenomenal!». Estaba entusiasmado con el proyecto que le había presentado, y recuerdo salir del apartamento como si flotara. Pensé: «¡Dios mío, esto es lo mejor del mundo!». Ese tipo al que tanto admiraba me había dado, básicamente, el visto bueno para seguir adelante. Entonces, fuimos juntos a conseguir la financiación y lo hicimos. Pero para mí, el punto álgido de mi carrera fue que William Goldman accediera a dejarme llevar a cabo este proyecto.

WILLIAM GOLDMAN

Vinieron a mi apartamento y nos reunimos un rato. Rob había hecho algunas películas fantásticas que me gustaban. Quiero decir, no era Alfred Hitchcock, pero es un gran director. Y personalmente, me cayó bien. Los buenos directores no suelen ofrecerte tanto.

con un gran estudio, de lo contrario se quedaría sin un céntimo por la que posiblemente sería la película independiente más cara de la historia. Para alivio de todos, Rob consiguió entonces volver a meter el proyecto en la 20th Century Fox. Y, después de unos cuantos falsos comienzos, la productora accedió a regañadientes a distribuir la película, tras lo cual Rob se lanzó de inmediato a la tarea de reunir al reparto.

Las primeras personas a las que Rob contrató para dos de los papeles fundamentales fueron sus colegas Billy Crystal, como el Milagroso Max, y Chris Guest, que interpretaría al conde Rugen. Por supuesto, esto no se trataba solo de un caso de nepotismo. Chris Guest acababa de filmar su brillante actuación como Nigel Tufnel, el tonto pero adorable guitarrista de metal en *Spinal Tap*. Tanto él como Billy eran estrellas en *Saturday Night Live* y el propio Billy había protagonizado una de mis comedias estadounidenses favoritas, *Enredo*.

Había ido de vacaciones a Estados Unidos cuando era joven, en los setenta, con mi padrastro estadounidense. Después del primer viaje, quedé fascinado con todo lo relacionado con aquel lugar. Había muchas cosas por las que emocionarse, y una de ellas era la televisión. En Inglaterra solo teníamos dos canales, mientras que en Estados Unidos la revolución del cable acababa de empezar. Tan pronto como llegué, devoré todo lo relacionado con la cultura pop televisiva americana, pero quedé especialmente fascinado por las comedias (*El Show Dick Van Dyke, M*A*S*H*, La isla de Gilligan, La tribu de los Brady* y, más tarde, cosas como *Enredo* y *Taxi),* esencialmente todos los *shows* clásicos de la era de oro de la televisión en los sesenta y setenta. Incluidos, por supuesto, todos los *shows* de Norman Lear. También escuché a los monologuistas de la colección de discos de mi padrastro y me familiaricé con gente como Bob Newhart, Woody Allen, Richard Pryor y Jonathan Winters.

Así que cuando recibí la llamada en la que me dijeron que Rob iba a venir a verme, no estoy seguro de qué me emocionaba más: el estar a punto de conocer a uno de los jóvenes directores de Hollywood de mayor talento o que iba a reunirme con uno de mis ídolos de la televisión. Entendía exactamente lo que estaba en juego en esa reunión. El impacto que este papel podía tener en mi carrera era innegable.

Como sucede a menudo cuando se conoce a un director, sabía que me tenían en consideración, pero desconocía si era un favorito o simplemente uno de los muchos candidatos que competían por el papel.

Una voz con acento alemán salió del teléfono, procedía del mostrador de recepción:

ROB REINER

Bueno, trato de escoger a gente que sé que puede interpretar el papel. No contrataría a amigos solo por contratar amigos. Pero si son buenos y pueden interpretar el papel, desde luego. El problema al que me enfrenté con *La princesa prometida* era que tenía que conseguir a un chico joven, apuesto e intrépido, y a una chica joven como coprotagonista. Oh, y un gigante. No es que tuviera un montón de amigos que dieran la talla. Creo que solo había una persona adecuada para cada uno de esos papeles. La película tiene esa especie de atmósfera formal inglesa de un cuento de hadas; ese aire de «antaño». Así que quería que tuvieran acento inglés. Al menos Westley y Buttercup..., el príncipe Humperdinck y el conde Rugen y demás. Había visto a Cary en *Lady Jane,* pero esa película no era una comedia. Pensé: «Definitivamente tiene el aspecto adecuado. Se parece a un joven Douglas Fairbanks júnior, es muy guapo y es un actor estupendo». Pero no sabía si era gracioso, y se trataba de un tipo de actuación muy especializado: tenía que ser muy auténtico y serio, pero al mismo tiempo, reflejar una ligera ironía. Tenía que haber un equilibrio. Así que volamos hasta Alemania, donde Cary estaba rodando una película.

—Hay aquí dos señorrres en el vestíbulo que prrreguntan porrr usted. ¿Los hago subirrr?

—Sí. Hágalos subir, por favor —dije, y colgué.

Al abrir la puerta unos minutos más tarde, me sorprendí al ver que me recibían dos de las sonrisas más amplias que he visto en mucho tiempo. Allí estaba: el hombre que había creado a Marty DiBergi y a Meathead, ¡en mi habitación de hotel! La otra sonrisa pertenecía a su mejor amigo y compañero de producción, Andy Scheinman, con la mitad del tamaño que la de Rob, pero con el doble de energía.

Lo que me llamó la atención de estos dos fue su hermosa amistad. Terminaban las frases del otro. De inmediato, me atrapó no solo su encanto personal, que era considerable, sino la pasión que mostraban por el proyecto. Además de bastante divertido (cosa que no es sorprendente, ya que su padre es Carl

Reiner), Rob también era muy dulce y tenía una risa infecciosa que se oía hasta en Detroit, como me gusta decir. De hecho, el hombre que conocí estaba muy lejos del atribulado yerno de Archie Bunker. Y era sin duda un narrador nato. Era claramente muy inteligente y un lector voraz, pues así había conocido el trabajo de Goldman. Resulta que su padre también le dio una copia de *La princesa prometida* para que lo leyera de niño, tal y como había hecho mi padrastro conmigo.

Ahora bien, no es que eso nos hiciera exactamente únicos, pero sin duda inspiró una especie de alianza. Yo conocía la novela, y también parte de la historia detrás de los intentos de llevarla a la pantalla. Además, sabía que en las manos correctas tenía el potencial de ser realmente divertida y conmovedora. Por su obra y su sensibilidad, estaba convencido de que era el hombre adecuado para llevar a cabo el trabajo.

Les ofrecí a cada uno una botella de agua del minibar. Tengo un claro recuerdo de Andy, tan perturbado por la simple posibilidad de estar tan cerca de Chernóbil que no quería tocar nada, mucho menos beber agua.

—Bien, como probablemente sepas, estamos haciendo una película basada en *La princesa prometida* y creemos que serías un magnífico Westley —dijo Rob, después de acomodarse en una silla.

Rob tiene ese modo sencillo de ir directo al grano de una manera divertida. El «como probablemente ya sepas» sonó prácticamente lírico, casi como si lo alargara de manera cantarina. Creo que mi respuesta fue algo bastante inocuo, tipo:

—Sí, lo he oído. ¡Es genial!

En mi cabeza, estaba pensando: «Por favor, no me hagáis hacer una prueba».

—Bueno, hemos empezado con los preparativos en Londres y nos gustaría hablar contigo sobre la posibilidad de que te unas a nosotros.

La situación mejoraba por segundos. Su semblante era informal y amable. Tenía una forma maravillosa de hacerte sentir cómodo, y mientras charlábamos, mi ansiedad desapareció lentamente. Rob se sorprendió al saber que había pasado un tiempo considerable en Estados Unidos y que estaba íntimamente familiarizado con el mundo de la televisión de los setenta. Allí estaba yo, un actor británico, que estaba trabajando en una película en Berlín, y nuestra conversación giraba mayormente en torno a lo que yo recordaba de mis episodios favoritos de *Todo en familia*. Pasamos a una charla más general sobre comedia y cultura popular. Entonces surgió Bill Cosby y, de algún modo, (no recuerdo realmente cómo) acabé imitando a Fat Albert, cosa que pareció gustarle a Rob. Les expliqué que había estudiado en el Sarah Lawrence College, así como en otras instituciones prestigiosas de Nueva York.

Hablamos de *Saturday Night Live*. De nuevo, Rob parecía satisfecho de que yo fuera un admirador de *SNL*. En aquel momento, no entendí por qué era tan importante para él, pero no pasaría mucho tiempo hasta que lo entendiera. Sabía que hacía falta tener un aspecto concreto para el papel de Westley, y supongo que, en ese sentido, daba la talla, pero, por otro lado, también la daban miles de actores jóvenes. Sin embargo, también buscaban a alguien con sentido del humor. Y tal vez tenía una oportunidad de hacerlos reír, cosa que sorprendentemente conseguí con mi imitación de Fat Albert. Aquello tenía buena pinta, hasta que llegó el momento trágico.

—Mira, la verdad es que creo que es posible que seas el tipo adecuado para esto —dijo Rob—. Pero ¿te importa que leamos un par de frases? Solo quiero oírlas.

¿Por qué? ¿Por qué tenía que hacerme leer? Iba todo tan bien hasta ese momento…

Vale, allá va… El momento de la verdad. La prueba. Lo cierto era que había conseguido más trabajos a través de ofertas directas que de audiciones. Pero no podía pensar en eso ahora. Tenía que echarle valor.

Rob buscó dentro de un sobre que había traído consigo y sacó una copia del guion. Lo abrió por uno de los monólogos de Westley, aquel en que le cuenta a la princesa Buttercup cómo se convirtió en su *alter ego,* el pirata Roberts, y me lo dio.

Me aclaré la garganta y leí lentamente. Me había pillado en frío y desprevenido, pero, por suerte, conocía la historia y el tono de la novela. También sabía que muchas de las mejores frases de la película tendrían que decirse con un guiño prácticamente imperceptible.

Después de apenas unas frases, Rob levantó la mano.

—Vale, ya es suficiente —dijo.

Me pregunté por un momento si ya había echado todo a perder. Apenas había leído media página.

—¿De verdad? ¿Estás seguro? —pregunté.

—Sí. Entonces, ¿cuánto te queda en esta película todavía? —contestó.

Respiré profundamente, en un intento de ocultar mi emoción.

—Un par de semanas, más o menos.

—Perfecto —dijo Rob—. Vamos a divertirnos mucho haciendo esta película, y con un poco de suerte, si el estudio está de acuerdo, nos gustaría que formaras parte de ella.

Respondí con un ligero tartamudeo, que básicamente quería decir:

—Sí, me encantaría. Gracias.

¿Era eso una oferta? Oh, Dios mío, ¡creo que sí!

Pero, por otra parte, había dicho «si el estudio está de acuerdo». ¿Por qué iban a cuestionar a Rob Reiner, un hombre que ya había mostrado su gran habilidad para escoger al reparto en sus otras películas de éxito? Cambié de tema rápidamente y traté de parecer lo más tranquilo posible. Les pregunté a ambos cuándo volvían a Londres. Tal vez conseguiría que se quedaran a cenar y convencerlos de que, aunque sabía que la prueba había sido un desastre, seguía siendo la persona indicada para el papel. Pero Rob respondió que, de hecho, salían para París esa misma tarde. Aquel era un viaje relámpago. Andaban detrás de un luchador mundialmente famoso para el papel de

Fezzik. Eso era todo lo que podían decirme.

—Cuando regresemos, nos pondremos en contacto con tu agente, y si todo va bien, ya veremos cómo lo arreglamos —dijo Rob—. Si te parece bien.

¿Si me parece bien? Claro, sí, me parece bien. No me podría haber parecido mejor.

—Por supuesto —tartamudeé.

Nos estrechamos las manos afectuosamente y nos despedimos. Y estoy bastante seguro de que estaba hablando por teléfono con mi agente antes de que su ascensor llegara al vestíbulo.

—Creo que lo he conseguido —dije sin aliento, por la emoción.

—Vale —contestó Harriet—. Tú espera. Los llamaré.

Tan pronto como colgué el teléfono, tuve un ataque de ansiedad. ¿Hablaba Rob en serio? Tal vez les ofrece papeles a todos los actores con los que se reúne para hacerlos sentir mejor. Sentía que era un hombre al que se podía tomar al pie de la letra. «Mejor no malgastar energía preocupándome», pensé. Pronto llegaría otro papel. Pero no puedes engañarte a ti mismo. En el fondo de mi corazón sabía que este era diferente. Lo quería de verdad.

A la mañana siguiente, Harriet volvió a llamar.

—¿Estás sentado?

—Sí.

—¡Lo has conseguido! —dijo—. Te han ofrecido el papel.

ROB REINER

Cary era muy divertido. Hizo una imitación de Bill Cosby. No le pedí que lo hiciera. Simplemente, era un tipo gracioso, y pensé: «Guau, este tío podría hacerlo de verdad». Fue el único al que vi que pensé que podía interpretar el papel. Lo mismo me pasó con Buttercup y Fezzik.

ANDY SCHEINMAN

El *casting* fue interesante. Para muchos de los papeles no teníamos una segunda opción. No había nadie más a quien escoger. No teníamos una segunda opción para Buttercup, sin duda no teníamos una segunda opción para Fezzik. Y no teníamos una segunda opción para Westley. Si no encontrábamos a esas personas (creo que el último de los candidatos era Cary), la película no saldría. Decir que Cary fue la última pieza del puzle no sería del todo cierto. Cary era el puzle. Quiero decir, André era muy importante, pero Cary era la película, ¿sabes? Y no teníamos a nadie. Queríamos a Errol Flynn, y tenía que ser gracioso, cosa que no creo que Errol Flynn fuera. No es que necesitara ser gracioso, pero debía tener sentido del humor. No se trataba de ser desternillante, pero el papel debía interpretarse con un pequeño brillo en los ojos, y a Cary eso le salía estupendamente.

Recuerdo que nos sentamos, Cary abrió el guion, leyó tal vez cuatro palabras y nosotros dijimos: «Bueno…, este es el tío». No recuerdo exactamente cuánto duró la reunión, pero fue simplemente ¡bum! ¡Es él! Rob hace esto a veces, y es genial. No ocurre a menudo, para ser sincero. Pero de vez en cuando alguien hace una prueba, o viene y se ha pasado toda la noche preparándose para esta gran audición, y está ahí a mitad de la segunda línea de una escena de cuatro páginas y Rob dice: «Ya es suficiente. No necesito oír más. Lo tienes. Es tuyo».

Me quedé sin palabras. Esto era un gran voto de confianza por parte de Rob. A duras penas era famoso. Podrían haber contratado a muchos actores británicos reconocibles y más rentables, que probablemente habrían sido «adecuados» para el papel, con facilidad. Pero me habían escogido a mí. En retrospectiva, casi me pareció demasiado fácil. Desde luego, las audiciones no siempre salen tan bien. Y, en ocasiones, una reunión es solo eso. A veces consigues el papel y otras no. Nunca lo sabes. Supongo que Rob sabía lo que quería, y yo fui lo bastante afortunado como para estar en su campo de visión.

Mientras Harriet repasaba los detalles de mi contrato, yo estaba deslumbrado. Recuerdo decirle que aceptara la oferta de inmediato, antes de que cambiaran de opinión.

2

PREPRODUCCIÓN Y MI ENCUENTRO CON BUTTERCUP

LONDRES, 2 DE AGOSTO DE 1986

Unas pocas semanas después de finalizar *Maschenka*, estaba otra vez en casa, en Londres, que era también la base para la producción de *La princesa prometida*. Muchos de los miembros del equipo y algunos del reparto ya estaban reunidos. De hecho, la primera lectura previa del guion con el reparto se hizo al cabo de unos días. Poco después de mi llegada, recibí una llamada del despacho de producción. Me dieron instrucciones de que fuera a hacer pruebas de vestuario con la diseñadora, Phyllis Dalton, que había hecho un trabajo fantástico con uno de mis directores favoritos, David Lean, tanto en *Lawrence de Arabia* como en *Doctor Zhivago,* por la que ganó un Oscar. Una cosa que sabía con seguridad era que mis atuendos iban a ser de primera categoría. Tenía que encontrarme con ella en Angels, una de las casas de vestuario más antiguas de Londres y ganadora de muchos premios Oscar en esa categoría. Cuando entré en el recibidor, lo primero que vi fue un surtido de trajes ornamentados elegantemente colocados en maniquíes. Tras inspeccionarlos más de cerca, me fijé en que algunos de ellos parecían ser auténticos, del siglo XVIII.

En pocos minutos me encontré en la oficina del piso de arriba, donde Phyllis, una modesta y encantadora dama, se presentó educadamente. Nos sentamos y bebimos té mientras charlábamos un poco sobre el papel. Luego, se inclinó hacia delante, agarró una carpeta que había en una mesita de café cercana y procedió a mostrarme algunos de los bocetos que ya había hecho para Westley y el resto de los personajes de la película. Todo estaba ordenado con mucho cuidado y cada boceto incluía muestras de las telas que quería usar. Desde el primer momento, vi que había dado en el clavo en lo que respectaba al tono y el estilo del libro de Goldman. Los colores, las texturas, y el aspecto de los materiales iban más allá de lo que había imaginado. Para Humperdinck y Rugen había finos jubones de terciopelo con intrincados bordados. Para el español, Montoya, una mezcla de

En la granja vestido de arpillera. Birchover, Derbyshire.

arpillera marrón y cuero. El vestido principal de Buttercup sería rojo, holgado y largo, hasta el suelo, y contrastaba bien con el cuero, la gamuza y el algodón negros del hombre de negro.

Después de estudiarlos cuidadosamente, me volví hacia ella y dije:

—¡Guau, Phyllis! Son muy bonitos.

—Oh, gracias. Sabes, es gracioso… Lo cierto es que no me gusta hacer bocetos —respondió de forma inesperada.

—¿De verdad? Pero si se te da genial —dejé escapar, tratando de llevar la conversación hacia una de mis películas favoritas de todos los tiempos—. ¿Qué hay de *Lawrence?* Seguro que hiciste algunos para esa.

—¡Oh, aquello! —dijo—. Bueno, para esa tuve que hacer más bocetos de los que había hecho jamás.

—¿Por qué? —pregunté.

—Porque muchas de las prendas tenían que confeccionarse en Damasco y era difícil conseguir que los sastres de allí hicieran exactamente lo que queríamos.

Me dijo entonces que ya había hecho algunas pruebas de los trajes para Westley y que le gustaría que me las probara para que la costurera hiciera los ajustes necesarios. Su asistente me condujo al vestidor, donde colgaba de un perchero el traje que se convertiría en icónico: un par de pantalones negros de ante, botas de cuero negro, un cinturón fino negro, un par de camisas negras con volantes y cordones, guantes negros y una máscara negra. Era todo muy elegante y sorprendentemente cómodo. Me probé la camisa ancha y de mangas enormes. Ya había llevado una muy similar para *Lady Jane,* así que me resultaba familiar. Luego, los pantalones ajustados de ante. Y, finalmente, las botas.

Una vez estuve completamente vestido, me miré en el espejo. Incluso sin la máscara, supe lo que debían de haber sentido Douglas Fairbanks o Errol Flynn al probarse sus trajes el primer día en cualquiera de sus clásicas películas de piratas. Un golpecito en la puerta me sacó de mi ensimismamiento.

—¿Se puede? —La voz de Phyllis atravesó la madera.

—Sí.

Abrió la puerta, me miró, y dijo:

—Aaah… No está nada mal. —Se detuvo a reflexionar—. Pero… hay algo que falta.

Entonces, llamó a su asistente y le pidió que fuera a buscar un poco de satén negro. Cuando esta regresó con la tela, Phyllis me ató un trozo alrededor de la cabeza y otro alrededor de la cintura como un cinto.

—Exacto —dijo—, ¡eso está mejor!

Luego me hizo probar unas máscaras provisionales que había diseñado, que, de hecho, no eran muy diferentes a las que llevó Fairbanks en *La marca del Zorro*. Pero ninguna de ellas quedaba del todo bien. Phyllis me explicó que, como la llevaría durante la mayor parte de la película, no solo tenía que encajar perfectamente, sino que, sobre todo, debía ser cómoda y que la única forma de conseguirlo era sacando un molde de yeso de mi cabeza. Este es un procedimiento bastante estándar en la producción de películas que incluyen acción, efectos especiales o superhéroes que llevan máscaras, aunque yo no lo había experimentado antes.

Apareció, entonces, una costurera, que colocó unos cuantos alfileres en los pantalones para que fueran todavía más ajustados. Le pregunté a Phyllis si podría ponérmelos sin dificultad una vez estuvieran listos. Me respondió que preferiría coserlos cada día una vez puestos, pero que no sería práctico dado que iba a hacer muchas escenas de acción con ellos. Y, siendo de ante, de todos modos, darían un poco de sí con el tiempo, me explicó. Yo bromeé sobre que ahora sabía cómo se debió de sentir Jim Morrison con sus distintivos pantalones de cuero ajustados.

Me probé un traje hecho básicamente de arpillera y algodón grueso, que serían las ropas de Westley como el famoso muchacho de la granja. Phyllis me dijo que se había inspirado en cuadros de N. C. Wyeth y Bruegel y, a mi parecer, eran muy auténticas, pero ella no estaba del todo satisfecha.

—No, volvamos con estas. Necesitas algún tipo de capucha.

Phyllis dijo que necesitaba un poco más de tiempo para resolverlo y que haríamos más pruebas de vestuario pronto. Después de sacar algunas fotos Polaroid para enseñárselas a Rob, volví a ponerme mis aburridos vaqueros y mi camiseta, le di las gracias a Phyllis, a su asistente y a la costurera, y me fui a casa. El hombre de negro comenzaba a tomar forma.

Al día siguiente, recibí otra llamada de la oficina de producción y me dieron instrucciones sobre dónde ir a que me hicieran un molde de la cara. Viajé hasta los estudios Shepperton, donde se encontraban nuestras oficinas de producción, y visité a la gente del departamento de efectos especiales (conocido como «FX»). Shepperton se encuentra en el condado de Surrey, más o menos a una media hora a las afueras de Londres, y en general está considerado como uno de los grandes estudios de cine europeos. Desde una perspectiva histórica, es el tipo de sitio que tiene un atractivo casi reverencial para la mayoría de gente del mundillo. Entre las películas que se han filmado allí figuran *Lawrence de Arabia*, *¿Teléfono rojo?, Volamos hacia Moscú*, *2001: Una odisea en el espacio*, *El hombre elefante*, *Star Wars*, *Alien*, *Gandhi*…, por nombrar solo algunas.

Trabajé como asistente de producción en mi adolescencia, así que sabía desenvolverme un poco en los platós de cine, pero estar allí, en los famosos estudios Shepperton, como protagonista de una gran película de Hollywood, era una experiencia totalmente distinta. Con el mapa en la mano, fui hasta una de las «tiendas» asignadas a nuestro departamento de FX en el set y me encontré con Nick Allder, nuestro supervisor de efectos especiales. Nick tenía una gran carrera: había trabajado ya en *Alien* (sí, es su criatura la que se escapa del pecho de John Hurt), *El imperio contraataca* (para los jedis que estéis leyendo esto, hay una fuerte conexión entre *Star Wars* y *La princesa prometida,* de la que hablaré más adelante), *Conan el Bárbaro,* y *La joya del Nilo.* Nick, un tipo muy afable, me presentó a su equipo, uno de los cuales estaba ya trabajando en un animatrónico sin terminar de un Roedor de Aspecto Gigantesco (RAG), el mismo que acabaría mordiéndome durante nuestra pelea en el Pantano de Fuego. Estaba hecho de gomaespuma blanca y no tenía pelo, lo que le daba un aspecto todavía más grotesco. Se veían todos los cables y roldanas unidas a los servomotores que permitían que el «titiritero» le moviera la boca. Incluso en esa fase parecía muy efectivo y estaban orgullosos de enseñármelo. Mientras miraba fijamente a los ojos muertos de la rata gigante, me pregunté si Bill Goldman se habría topado con las mismas ratas gigantes que yo me había encontrado cuando vivía en Manhattan; esas del tamaño de un gato y que te hacían detenerte en seco. Ese tipo de ratas que no se asustan de los humanos, caminan con ese contoneo y te miran de esa manera que parece que digan: «Venga, ¿qué vas a hacer?».

Nick me explicó que, mientras que el proceso de cubrirme la cara con yeso húmedo de París era relativamente indoloro, podía ser muy tedioso, ya que tendría que pasar mucho tiempo, tal vez una hora, sentado en una silla con la cara cubierta de dicho material. Me preguntó si sufría de claustrofobia, cosa que ya en sí misma me puso un poco nervioso, a lo que respondí: «No, la verdad es que no», sin tener ni idea de lo claustrofóbico que sería todo el proceso. Entonces, dijo:

—Vamos a cubrirte toda la cabeza, pero te daremos un par de pajitas para que te las metas en la nariz y puedas respirar.

Menos mal.

Él continuó:

—Si en algún momento te sientes incómodo, no puedes respirar o tienes algún tipo de ataque de pánico, simplemente haz un gesto con la mano como si te cortaras la garganta y te quitaremos el yeso.

—Vale —contesté, preguntándome cuántos actores habrían sufrido ataques de pánico antes.

—Solo para que lo sepas —añadió Nick—, si hacemos eso, tendremos que repetir todo el proceso para terminarlo.

Contesté que lo entendía.

—¡Genial! —dijo Nick—. Entonces, empecemos.

Él y sus colegas procedieron entonces a cubrirme la cabeza completamente con vaselina y, luego, con escayola, y me proveyeron de las ya mencionadas pajitas para que me las pusiera en las fosas nasales y respirara. Decir que era claustrofóbico sería quedarse corto, amigos. Era como si te encerraran la cabeza en una calabaza o un casco gigante, pesado y asfixiante, hecho de arcilla. Una hora después, acabaron, y el yeso finalmente se secó. Entonces, lo abrieron cuidadosamente, me lo quitaron de la cabeza, y el producto resultante se utilizó como molde.

Tenía que parecer un pirata. Y no solo un pirata cualquiera, sino el pirata Roberts (vagamente basado en el famoso corsario Bartholomew Roberts), el azote de los siete mares. Se suponía que su identidad debía ser un secreto. Y, mientras que era necesario dar un voto de confianza para asumir que los otros personajes de la película (sobre todo Buttercup) no notarían inmediatamente el parecido entre Westley y el hombre de negro, el público era libre de hacer la conexión (cosa que, por supuesto, hizo). Aun así, tenía que quedar bien. Pese a los muchos esfuerzos por crear docenas de máscaras perfectas, el departamento de maquillaje igualmente terminó poniéndome maquillaje oscuro alrededor de los ojos en algunas escenas para crear una transición sin interrupciones entre la máscara y la piel, de manera semejante a como entiendo que hacen con los actores que interpretan a Batman.

Tras limpiarme la cara, vino a buscarme un asistente de producción que me dijo que Rob quería verme en su despacho. Fuimos hacia la oficina de producción siguiendo las señales que decían BUTTERCUP FILMS, LTD y subimos al piso de arriba. Cuando entré, Rob se puso en pie detrás del escritorio y me recibió con esa cálida sonrisa suya.

—Hola, Cary. ¿Cómo estás? —Uno de los típicos estribillos cantarines de Rob.

—Genial, gracias.

—Me alegro de verte. —Me dio un abrazo de oso.

Habría que remarcar que todos los abrazos de Rob son abrazos de oso.

—Bueno…, ¿cómo ha sido lo del molde de la cara?

—Raro —respondí.

—Sí, ¿verdad? —Se rio—. ¿Te han metido las pajitas por la nariz?

—Sí. Y casi vomito a través de ellas.

Rob se rio entre dientes.

—Ven, quiero enseñártelo todo. Tenemos un equipo estupendo —comentó—. Y quiero que los conozcas.

Fue un detalle por parte de Rob extender la invitación; no hay muchos directores que hagan eso con sus actores durante la preproducción. Pero Rob era diferente. Más tarde sabría que había escogido personalmente a casi todos los miembros del reparto.

Conocí a muchos de ellos durante el día, desde los contables a la gente del departamento de arte y casi todas las personas que estaban en medio. Cada vez que nos cruzábamos con alguien, Rob se detenía y nos presentaba, y, con un entusiasmo constante, decía:

—Y este es Cary. Va a interpretar a Westley.

En el departamento de arte conocí a nuestro diseñador de producción, Norman Garwood, con quien acabaría trabajando en dos películas más. Norman es un tipo entusiasta y dulce, y, obviamente, con mucho talento. Había trabajado en dos magníficas películas de Terry Gilliam, *Los héroes del tiempo* y *Brazil*, y en *El misionero*, todas ellas con uno de mis actores de comedia favoritos, Michael Palin (hablaré más sobre él luego). Norman era claramente uno de los favoritos de los *Monty Python*, lo que para mí lo convertía en alguien perfecto para nuestra producción, dado que yo mismo era un admirador de los Python. Cada centímetro de las paredes estaba cubierto de dibujos maravillosos y pinturas de todos los sets, desde la cabaña del Milagroso Max hasta la *suite* de Buttercup en el castillo de Florin, y de la habitación de Fred Savage hasta la Fosa de la Desespe-

ración. Eran sen-
cillamente mági-
cos.   Realmente
se veía cómo la
mitología de la
película tomaba
forma.   Cuando

expresé mi emoción ante la imaginería visual que me rodeaba, Norman sugirió a Rob que me ofreciera un *tour* por los sets que ya se estaban construyendo.

—Oh, sí. ¡Tienes que verlos! —dijo Rob con entusiasmo—. Son una maravilla.

Rob me llevó fuera y caminamos hacia el escenario H, donde carpinteros, yeseros y pintores estaban inmersos en el proceso de construir el plató para el Pantano de Fuego, que comenzaba a llenarse de árboles falsos, enredaderas, lianas y setas gigantes. El nivel de detalle era extraordinario. Recuerdo volverme hacia Rob y decir:

—¡Guau! ¡Es como *El mago de Oz*!

—Es bastante chulo, ¿verdad? —respondió él.

Entonces, me llevó hasta el escenario C, y cuando entramos en el set me quedé maravillado ante la visión del enorme acantilado donde el famoso duelo entre Westley e Íñigo Montoya tendría lugar. En el estudio de sonido, con su telón de fondo de un cielo azul con nubes, sentí una palpable sensación de... no alivio, sino más bien alegría. No tenía ninguna duda de que Rob lo lograría; simplemente no había imaginado cómo iba a hacerlo. Ahora estaba convirtiéndose en una realidad. Sabía que era la producción más costosa en la que ninguno de nosotros había estado involucrado jamás, y gran parte de su éxito dependía de quien interpretaba a Buttercup y del tío que interpretaba a Westley.

¡Ups!

Mientras regresábamos a las oficinas de producción, le pregunté a Rob sobre el resto del reparto. Mencionó que ya había contratado a sus amigos Billy Crystal y Chris Guest, lo cual era genial. Y que Mandy Patinkin haría de Íñigo Montoya, el español vengador. No recordaba los papeles de Mandy en aquel momento, pero asumí, dado el meticuloso *casting* de Rob, que sería una elección perfecta. Luego, repasó una alineación estelar de talentos con los que aparentemente estaban en negociaciones, incluido a Wally Shawn para el papel de Vizzini.

—¡Oh, me encanta! —comenté—. *Mi cena con André* es genial.

—Fabulosa —dijo Rob—. Y creo que también tenemos a Chris Sarandon para hacer de Humperdinck y a Carol Kane para la mujer del Milagroso Max.

—No puede ser —respondí, incrédulo.

—Menudo *casting*, ¿eh? —Sonaba casi tan emocionado como yo.

Estaba resultando ser una producción mucho más grande de lo que me había imaginado al principio.

—Y tenemos mucha suerte. También hemos encontrado a nuestra Buttercup —añadió Rob—. Nos ha llevado un tiempo, pero hemos dado con ella.

Me intrigaba la fascinación de Rob con su descubrimiento de la Buttercup «perfecta».

—¿Cómo la has encontrado? —pregunté.

—Resulta que el director del *casting* había tenido su foto en la pared todo el tiempo. Pero por algún motivo nunca la convocamos, porque estábamos demasiado ocupados buscando actores británicos.

—¿Quién es? —pregunté con curiosidad.

—Se llama Robin Wright. ¿Has oído hablar de ella?

No era el caso, y lo admití.

Rob asintió.

—Está en ese programa de tele, *Santa Barbara*; es un culebrón diurno. Pero no te dejes engañar, es maravillosa. Llegó, hizo la prueba ¡y nos dejó alucinados! —continuó Rob—. Espera a conocerla. Oh, Dios mío, ¡te va a encantar!

CHRIS SARANDON

Mi exmujer, Susan Sarandon, había hecho una película con Robert Redford, y, en aquella época, Redford tenía los derechos cinematográficos del libro. Quería hacer la película y le dio una copia para que la leyera. Yo también la leí, y simplemente aluciné. Había una combinación tan maravillosa de aventura, romance, sátira y parodia; el autor se divertía con diferentes géneros. Y simplemente pensé: «Esto es maravilloso, espero que se haga esta película». Pero por supuesto, pasaron los años y no sucedió nada. Así que, haciendo un salto de imagen a muchos años después, de repente recibo una llamada de uno de mis agentes diciendo: «Rob Reiner y Bill Goldman quieren que hagas una prueba para *La princesa prometida* para el papel del príncipe Humperdinck», y yo contesté: «Madre mía. ¡Esto es un sueño hecho realidad! Adoro ese libro».

CAROL KANE

Tuve la grandísima suerte de formar parte de esto. Recibí una llamada de Rob para participar e interpretar el papel de la esposa de Billy. En aquel momento, estaba haciendo una obra en Williamstown. Creo que ni siquiera lo pensé demasiado. Simplemente dije que sí. La idea de ser la esposa de Billy en un enorme cuento de hadas era algo así como..., bueno, no es algo que te pienses. Simplemente lo haces. Luego leí el guion y me encantó. Entonces, Billy y yo nos juntamos más tarde en mi apartamento de Los Ángeles y nos construimos una especie de vida, una pequeña historia para nuestros personajes.

Acto seguido, continuamos caminando por el pasillo. Y justo cuando doblamos una esquina, menos de un minuto más tarde, allí estaba ella, subiendo las escaleras.

—¡Eh, ahí está! —la llamó Rob—. ¡Oye, Robin! Quiero que conozcas a alguien.

Era alta y esbelta, con el pelo rubio y largo y unos enormes y expresivos ojos azules. En dos palabras: era hermosa. También era muy joven, como pronto descubriría, apenas tenía veinte años, y sentí una ligera sensación de alivio al no ser la persona más joven de la película (sin contar a Fred Savage).

ROB REINER

Vi a cientos de chicas, pero tenían que ser como se describía en el guion: la chica más hermosa del mundo. Y tenía que tener acento inglés. Y Robin, pese a que es estadounidense, tiene un padrastro inglés, así que dio con ello de manera muy natural. Era asombrosamente bella y tenía la edad adecuada. Era literalmente la única que vi que podía interpretar el papel.

WILLIAM GOLDMAN

Fui a California porque estábamos buscando a Buttercup. Tenía que ser la chica más hermosa del mundo, y vinieron todas esas chicas guapísimas, y eran preciosas, pero no eran Buttercup. Finalmente, Rob llamó y dijo: «Creo que la he encontrado», y entonces Robin entró en la habitación, hablamos un momento e inmediatamente llamé a Rob y le dije: «¡Cógela!», porque era, como sabéis, simplemente increíble. Y aún lo es.

ANDY SCHEINMAN

Robin era perfecta. Pero ¿sabes qué? La obligaron hacer un año extra en *Santa Barbara* a cambio de darle tiempo libre para rodar la película, cosa que me pareció bastante despreciable. Pero ella no se quejó. Robin era…, bueno…, quiero decir, es, una chica preciosa. Y el papel lo requería. Pero también había dulzura en ella. Hay muchas mujeres hermosas, muchas actrices hermosas, pero no hay muchas mujeres hermosas que además sean divertidas de verdad. No es que tuvieses que ser hilarante para interpretar a Buttercup, pero debía ser alguien capaz de entender qué partes del guion eran divertidas y el papel, y tener un gran sentido del humor.

Nunca olvidaré el momento en que Rob nos presentó.

—Cary —dijo—. Esta es Robin. ¡Interpreta a Buttercup! La chica de la que te vas a enamorar.

Una enorme sonrisa se formó en el rostro de ella mientras se volvía hacia él y decía: «¡Oh, Rob! », como queriendo decir «¡Por favor!», y luego extendió la mano para estrechar la mía. «Hola», dijo en un tono muy dulce. Lo que le respondí, aparte de «Hola», no lo recuerdo. Probablemente no dijera gran cosa, ya que me sentía como si me hubieran noqueado. Recuerdo la descripción de Buttercup de Goldman en el libro:

«Era la mujer más hermosa que había existido en cien años. A ella parecía no importarle».

Y eso era completamente cierto en lo que respectaba a Robin. Era como si estuviera mirando a una joven Grace Kelly. Era *así* de hermosa. Mi incomodidad debió de ser obvia,

Me quedé maravillado ante la belleza de Buttercup.

porque Rob me dio un ligero codazo en las costillas y me lanzó una sonrisita que parecía decir «¿Qué, tengo razón o no?».

Recuerdo a Robin imitando un perfecto acento inglés, algo que hace notablemente bien, y luego me desarmó totalmente con una risita que creció rápidamente hasta convertirse en la risa más maravillosa. Recuerdo pensar para mí mismo: «¡Guau! ¿Cuántas mujeres hay tan hermosas y a la vez tan divertidas?». Quiero decir, era obvio que Rob iba a encontrar a alguien con talento para hacer de Buttercup, pero que tuviera esa combinación de belleza y sensibilidad cómica… es algo escaso y maravilloso.

Robin había pasado por el estudio para su prueba de vestuario de último minuto. Creo que terminamos la conversación con ella diciendo que tenía muchas ganas de trabajar conmigo y yo tartamudeando algo estúpido como respuesta, como «Yo también». Para usar una frase que sería completamente apropiada en el reino de cuento de hadas de *La princesa prometida,* estaba embelesado. En pocos minutos, nuestros caminos se separaron: Robin se marchó a su prueba de vestuario, y yo, regresé a la oficina de producción para firmar algunos papeles y recoger una copia del programa. Pero, para ser sincero, no pude concentrarme mucho en nada después de ese primer encuentro con Robin. En mi imaginación, era la Buttercup perfecta. Me moría de ganas de comenzar.

3

LA MESA ITALIANA Y MI ENCUENTRO CON FEZZIK

Unos días más tarde todos los miembros del elenco nos reunimos para nuestra primera mesa italiana en la sala de banquetes del hotel Dorchester, uno de los cinco estrellas más antiguos y distinguidos de Londres, situado en el elegante barrio de Mayfair, donde Rob, Andy y Bill se alojaban. Al entrar en la sala miré a mi alrededor y me fijé en que casi todos los miembros del reparto ya estaban allí, con aspecto muy relajado. La sala estaba totalmente abastecida de refrescos y tentempiés colocados en bandejas de plata, incluidos los famosos sándwiches de berros y huevo del hotel. En el centro de la sala había una enorme mesa de roble con unas veinte sillas alrededor. En la mesa, unos cuantos guiones. Un par de docenas de sillas más rodeaban el perímetro: asientos para los jefes de varios departamentos. Vi a Rob y a Andy hablar con un hombre al que inmediatamente reconocí como Bill Goldman y fui derecho hacia ellos.

—Hola, Cary —dijo Rob, y me dio otro abrazo de oso—. ¿Has conocido ya a Bill?

—N-no —tartamudeé—. Hola.

Allí estaba. De pie frente a mí… El legendario William Goldman. Un hombre cuya obra me había fascinado de niño. Era alto y delgado, con mechones de pelo gris. También tenía una sonrisa cálida y una apariencia sencilla.

—Encantado de conocerte —saludó con un apretón a pesar de mi mano sudorosa.

Mientras le decía cuánto me gustaba el guion y el libro (diálogo al que estoy seguro que Goldman estaba muy acostumbrado a esas alturas de su carrera), el tema se desvió hacia Fezzik.

—Entonces, ¿quién lo interpreta? —pregunté.

—Oh, sí. Tenemos al hombre perfecto —dijo Rob, emocionado—. ¿Te acuerdas del luchador del que te hablé en Berlín? Su nombre es André el Gigante.

—¿De verdad su apellido es «el Gigante»?

—¿No has oído hablar de él? —preguntó Bill Goldman con una sonrisa.

—Creo que recordaría un nombre así.

—Oh, es fantástico. ¡Es un luchador mundialmente famoso! —contestó Bill.

Resulta que era, como él mismo decía, un «fan lunático» de André.

—¿Has visto alguna vez ese episodio de *El hombre de los seis millones de dólares* en el que conoce a Bigfoot? —me preguntó Rob.

—Creo que sí —dije mientras caía en la cuenta—. No estoy seguro.

—Bueno, pues ¡es él! ¡El tipo que hace de Bigfoot! —exclamó Rob.

—Era el candidato perfecto, ya que tiene los pies grandes de verdad —añadió Andy metiendo baza y quedándose tan corto que daba risa.

—Así que es un gigante de verdad, ¿no? —pregunté.

—Es literalmente el tío más grande del planeta. ¡Y lucharás contra él! ¿Qué te parece? —añadió Rob con una risotada.

¿El hombre más grande del planeta?

Traté de imaginármelo.

WILLIAM GOLDMAN

Sabía que tenía un gigante en la historia. Y entonces, un día que estaba viendo la televisión, años antes de escribir siquiera el guion, pensé: «André podría hacer del gigante». Luego fui a Madison Square Garden, lo vi y me enamoré de él como todo el mundo. Y era perfecto para nosotros.

ANDY SCHEINMAN

Encontrar a André fue interesante. Sabes que hay una escena donde Westley se le sube a la espalda a Fezzik mientras están peleando, ¿verdad? Bueno, pues acabé subiéndome a la espalda de mucha gente gigantesca tratando de encontrar a ese tipo, porque cuando nos reuníamos con ellos y les pedíamos que leyeran el papel, todos decían: «Podría hacerlo mejor si te me subieras a la espalda en esta escena». Hubo un tipo, que había ganado el concurso del hombre más fuerte del mundo, y ahí estaba yo, subido a su espalda mientras intentaba leer sus líneas. Conocimos a un par de tipos más, incluido Richard Kiel, que había hecho de Jaws en la película de James Bond *La espía que me amó* y *Moonraker*. Pero ninguno de ellos era el adecuado.

ROB REINER

Fue Bill Goldman el que dijo: «Tendríais que echar un vistazo a André el Gigante». Todos conocíamos a André porque lo habíamos visto pelear, pero no tenía ni idea de si sabía actuar o no. Nos reunimos con él en un hotel de París, y cuando entramos, el director dijo: «Hay un hombre esperándolos en el bar». Así que entramos en el bar; tenía exactamente el mismo aspecto que Fezzik en el libro. Era como una masa de tierra sentada en un taburete. Subió a nuestra habitación a hacer la prueba. Teníamos preparada una escena de tres páginas, y no entendí ni una palabra de lo que dijo. Además, nunca había estado en un solo sitio más de dos semanas; siempre estaba viajando por todo el mundo. Le dije: «Sabes que esto son quince semanas, ¿verdad?» Y él contestó: «Yo lo hago, jefe». Entonces añadió: «¿Quieres que interprete estas tres páginas durante quince semanas?». Pensó que eso era todo su papel. Así que le dije: «No, no, sales en toda la película. Hay muchas escenas». Y volvió a decir: «Yo lo hago, jefe». Así que se marchó (realmente era un tipo muy dulce) y yo me volví hacia Andy y le dije: «Madre mía. No sé si puede hacer esto». Pero era perfecto para el papel. Tenía el aspecto idóneo.

En ese mismo momento, la puerta de la ornamentada sala se abrió y entró el mismísimo gigante…, André. Fue como una escena de una vieja película del Oeste, donde el tipo entra en la cantina y todo el mundo se queda quieto, incluido el pianista. Lo primero que recuerdo sobre él, aparte de su enorme altura, por supuesto, era su hermosa, dulce y radiante sonrisa. Era una sonrisa gigante, y la razón de ello era que tenía unos dientes de tamaño normal, así que se le veían todos cuando abría la boca. Tuvo que agacharse bastante al pasar por la puerta para no golpearse la cabeza contra el marco; obviamente, algo a lo que se había acostumbrado con los años. Recuerdo que Rob nos presentó y vi mis dedos desaparecer cuando nos dimos la mano, completamente sepultados por una palma más grande que un guante de béisbol. Si quieres hacerte una idea de lo grandes que eran, busca en Google «André el Gigante» y «lata de cerveza», y entenderás de lo que estoy hablando. Según su página web oficial, su talla de zapato era un 56 y su muñeca medía unos treinta centímetros de circunferencia. ¡De pie solo le llegaba al ombligo!

André ganando popularidad a los diecinueve años.
París, Francia, 19 de julio de 1966. © *Corbis*

En retrospectiva, André parecía haber nacido para aquel papel, como dijo Rob: «Cuando anuncias un *casting* para buscar un gigante no es que recibas un montón de llamadas». Era un auténtico gigante, con sus 2,25 metros de altura y sus 255 kilos. Según Rob, al principio André expresó su inquietud respecto a aparecer en la película. Era francés (su verdadero nombre era André René Roussimoff), y al parecer se sentía muy inseguro acerca de su habilidad para hablar inglés con fluidez. Rob alivió sus preocupaciones al enviarle una cinta con una versión grabada de la escena de Fezzik que quería que viese, para que la estudiara y luego, si estaba interesado, hacer una prueba para el papel. Cosa que hizo para Rob y Andy cuando viajaron a París tras encontrarse conmigo en Berlín. Cuando la prueba terminó, Rob se volvió hacia él y le dijo: «Ha estado genial, André. ¡Es tuyo, amigo!».

—Gracias, jefe —respondió.

Habría que remarcar que, pese a su colosal tamaño, André llamaba a todo el mundo «jefe» como método para desarmarlos de una manera encantadora.

Finalmente, todo el guion se grabó en una cinta para que comprendiera y memorizara su papel. E hizo un gran trabajo con ello, pese a que el inglés no era su lengua materna y a no estar en las mejores condiciones de salud. Al parecer tenía programada una operación de espalda.

La primera mesa italiana fue una experiencia

ROB REINER

Lo que hice fue grabarle en cintas todo el papel. Lo representé y André lo estudió una y otra vez y lo pilló. Quiero decir, no tuvimos ni que repetirlo. Así que André era la tercera pieza. Si no hubiera conseguido a alguno de ellos, no podría haber hecho la película.

ANDY SCHEINMAN

Rob y yo grabamos todas las escenas de André en cinta. Rob hacía de André y yo hacía de cualquier otro que estuviera en la escena. Y André caminaba por ahí con los auriculares puestos, con la cinta puesta todo el tiempo. Escuchándola, entendiéndola. ¡Y funcionó! Lo hizo genial.

CHRIS SARANDON

La audición fue algo así: entré por la puerta y Rob y Bill Goldman fueron ambos muy amables y encantadores. Y dije: «Lo siento, no puedo contenerme. ¡Los Knicks han fichado a fulano de tal!». Entonces, Bill Goldman y yo procedimos a hablar sobre el *draft* de los Knicks durante los siguientes diez o quince minutos. Ambos estábamos realmente enfadados. Al final de la conversación me sentía muy cómodo porque solo éramos un par de tipos de Nueva York hablando de baloncesto. Y entonces, Rob me dijo: «¿Te importaría leer la escena?». Y eso hice; era la escena en la que Humperdinck le pregunta a Buttercup si lo consideraría una alternativa al suicidio. Creo que escogieron esa escena porque es muy divertida, pero la leí con total seriedad. Y Rob simplemente se partió de risa porque..., bueno, en primer lugar, es el mejor público del mundo. Y de golpe me encontraba en un avión rumbo a Inglaterra para rodar la película.

extraordinaria. Había muchísima gente con talento en una única sala. En más de una ocasión tuve que tragarme los nervios que me provocaba estar trabajando con un grupo tan extraordinario de gente con un gran talento. Miré a Chris Sarandon y pensé: «Este es el tío al que nominaron a un Oscar por su interpretación de Leon, su primer papel en el cine, en una de mis películas favoritas de Sidney Lumet, *Tarde de perros*».

Miré hacia otro lado y vi a Wally Shawn, e instantáneamente pensé no solo en su notable actuación y maravilloso guion en *Mi cena con André,* sino también en sus papeles en *Empieza el espectáculo* y *Manhattan.*

Y allí estaba Mandy, a quien reconocía de *Ragtime,* de Miloš Forman, charlando en una esquina con Chris Guest. Ambos eran auténticos veteranos del mundillo. ¡Era una locura! Todo el mundo parecía tener un currículum más prestigioso que el mío. Incluso Fred Savage había acumulado una increíble cantidad de papeles en televisión a la tierna edad de diez años. Esto no era «el típico grupo de Hadassah», como bien señaló Goldman una vez. Aunque hice todo lo que pude para ocultarlo, desarrollé un ligero complejo de inferioridad.

Hubo otras sorpresas ese día, como la inesperada presencia del guionista Buck Henry, ataviado

con su característica gorra de béisbol y gafas. No tenía nada que ver con *La princesa prometida,* pero estaba en Londres de casualidad por otro negocio y se alojaba en el hotel. Aunque nunca nos habían presentado, obviamente conocía su trabajo. Allí estaba un hombre cuya carrera como actor y guionista abarcaba ya tres décadas, desde la creación de *Superagente 86* a mediados de los sesenta con Mel Brooks, a los guiones para *El graduado, Trampa-22* y *El cielo puede esperar,* entre otros muchos. Era amigo de Rob y un presentador invitado habitual de *Saturday Night Live.* Creo que todos sentían que, si Buck quería estar presente en la lectura, ¿por qué diantres no iba a ser así? Claramente no estaba allí para comentar el guion; nadie «pelea» con Bill Goldman. Supongo que la idea era que si podíamos hacer que Buck Henry soltara una carcajada, riera o incluso sonriera durante la lectura, entonces, tal vez, íbamos por buen camino.

Aunque resultaba irónico (dado que nuestros personajes eran los protagonistas), Robin y yo éramos los novatos del grupo. Incluso André era un actor mucho más experimentado que nosotros. Aparte de aparecer en *El hombre de los seis millones de dólares,* había participado en numerosos programas de televisión, incluido *Billy Joe y su mono, The Fall Guy* y *El Gran Héroe Americano,* y había hecho una aparición anónima como favor a su amigo Arnold Schwarzenegger en *Conan, el Destructor.* También podía decirse que era un artista en todos los sentidos de la palabra. Después de todo, era un tipo que se ponía un maillot casi cada noche de su vida y montaba un espectáculo para miles de fans.

CHRIS SARANDON

Cary y Robin eran simplemente perfectos. Eran los candidatos perfectos para esos dos personajes. De Cary recuerdo que pensé que es un protagonista, pero puede hacer mucho más. Sabe imitar dialectos y cuenta grandes historias. Es un tipo con mucho talento. Y creo que todos estábamos un poquito enamorados de Robin porque era encantadora. Tiene algo misterioso. Así que no pensé ni una vez: «Madre mía, estos dos novatos nos van a traer problemas». Sencillamente sentí que todos conectábamos. Además, es mucho más fácil cuando estamos todos juntos y nos hacemos amigos en el plató, porque entonces confiamos los unos en los otros. Llegamos a conocernos muy bien. Sabes en qué puedes salirte con la tuya y qué es pertinente. Aprendes a llevarte bien.

Hasta ese momento, yo solo había hecho películas británicas, y las mesas italianas no eran algo muy común en Inglaterra por aquel entonces. Una mesa italiana tiene básicamente dos propósitos. El primero es que todo el mundo se haga una idea del ritmo del guion (hay una diferencia entre leer las palabras para ti mismo en silencio y oírlas recitadas en voz alta por todos los actores interpretando sus papeles), y el segundo, permitir que todos se conozcan en un ambiente relajado y divertido. Básicamente, es como una reunión para jugar, al final de la cual, si sale bien, puedes empezar a formarte una idea de la película en tu cabeza.

Tras un largo rato, Rob le hizo señas a nuestro mánager de producción, David Barron, para que comenzáramos.

—Sentaos todos, por favor —anunció David.

Tomamos asiento alrededor de la mesa en nuestros sitios asignados; había un pequeño cartel con nuestros nombres enfrente de cada uno. Rob presidía la mesa, a su izquierda estaba Andy y, a su derecha, Bill Goldman.

—Vamos a empezar con las presentaciones —anunció Rob—. Soy Rob Reiner, el director. Gracias a todos por estar aquí. Solo quiero decir lo emocionado y entusiasmado que estoy por rodar esta película. Sé que nos lo vamos a pasar muy bien. —Hizo una pausa, luego señaló a su izquierda y añadió—: Y este es Andy Scheinman, nuestro productor, que también dirigirá la segunda unidad. Y como Billy y Carol no están aquí todavía, yo leeré las líneas del Milagroso Max y Andy leerá las de Valerie.

Andy levantó la mano y dijo:

—Hola, soy Valerie. —Hubo una carcajada como respuesta.

Como descubriría más tarde, es habitual en las mesas italianas que cada persona se presente seguido del personaje que interpretan. Yo estaba sentado junto a Robin, el cuarto o quinto en la lista de presentaciones. Recuerdo notar que me sudaban las manos solo de pensarlo. Las cerré sobre el regazo para que nadie se diera cuenta. Cuando llegó el momento y el corazón me latía más rápido que nunca, solté:

—Hola, soy Cary Elwes, e interpreto el papel de Westley.

No tenía ni idea de si esta lectura era una prueba. ¿Y si oían mi interpretación del personaje y decidían reemplazarme?

«¡Calma, Cary! ¡Intenta mantener la calma!», me decía a mí mismo.

Lo único que consiguió que me bajaran las pulsaciones fue mirar a Bill. Si había una persona en la mesa que parecía más nervioso que yo, era él. Como pronto sabría, a pesar de su colosal talento, Goldman era conocido por ser un escritor ansioso. Mientras lo miraba, parecía estar encogiéndose en sí mismo, tratando de hacerse más pequeño. Cuando llegó su turno de presentarse, nos ofreció un poco de contexto sobre por qué había escrito la novela, y cómo la novela se había convertido en un guion. Había sido una auténtica obra de amor y un libro de cuentos que regalar a sus hijas. Durante años se había preguntado si alguna vez sería adaptado a la gran pantalla; incluso si podría ser una película.

Entonces, habló aún más bajo.

—Por favor, entended que este es un proyecto muy personal —dijo Bill mientras su voz se convertía casi en un susurro—. Normalmente no me importan mucho mis obras. Pero esta es diferente. Es mi favorita de todo lo que he escrito en mi vida. Así que si se me ve un poco nervioso, este es el motivo.

Dio las gracias a Rob y a todos nosotros por estar allí y nos aseguró que el proyecto estaba en buenas manos.

Creo que, de alguna manera honda y profunda, la perspectiva de que *La princesa prometida* cobrara vida debió de aterrorizarlo. Después de todo, este era el logro más preciado de toda su vida artística. Y no creo que mucha gente en la sala supiera que se trataba de un proyecto tan personal para él hasta que lo mencionó. En retrospectiva, tenía sentido que hubiera establecido un vínculo tan personal con Rob. No quería que cualquiera hiciese la película. Quería que se hiciera bien de verdad.

Apenas imagino cómo debió de ser para él: sentado allí en silencio y escuchando a otras personas leer las líneas que tan meticulosamente había escrito. Ver a los actores dar vida a sus palabras y a sus personajes, y esperar y rogar a Dios que funcionara. No era solo que quisiera que la película tuviese éxito; creo que, en realidad, tenía miedo de que fracasara. Estoy seguro de que estaba pensando: «¿Y si nadie se ríe de las bromas? O aún peor, ¿y si se ríen cuando no se tienen que reír? Hay tantísimas cosas que podrían salir mal». Entonces, después de que el último actor se presentara, Rob leyó el guion.

—*La princesa prometida,* de William Goldman… Fundido en negro: un videojuego en una pantalla de ordenador…

Miré a Goldman. Desde ese momento, permaneció sentado en silencio, asimilándolo todo. No había duda de que estaba diseccionando cada palabra pronunciada mientras pasaba las páginas en silencio. Cada cierto tiempo, tomaba el lápiz y anotaba algo en el margen. Me fijé en que lo hizo un par de veces mientras yo leía. Tal vez, solo estaba haciendo algún apunte sobre el diálogo. Desde luego esperaba que esa fuera la razón. Rob también lo hacía, pero, más que nada, se reía mucho.

Debería tomarme un momento antes de continuar para explicar a aquellos que no han visto la película o leído el libro de qué trata el extraordinario cuento de *La princesa prometida*. Para aquellos que conocéis un poco la historia, o incluso os la sabéis de memoria, podéis saltároslo si lo deseáis. Pero para aquellos que no, por la presente, ofrezco un poco de contexto. Si no queréis que os la destripe, entonces tal vez deberíais ver la película primero antes de continuar o saltaros esta sección.

Así que, después de disculparme sinceramente con el señor Goldman, comenzaré. En la versión cinematográfica de *La princesa prometida*, el cuento de hadas se narra en el marco de la historia de un abuelo que lee un libro a su nieto enfermo. El libro que el abuelo está leyendo se titula *La princesa prometida*, y el abuelo promete que está lleno de acción y aventuras. Pero el niño, que se indigna ante el primer *«trozo en que se besan»*, piensa que lo ha engatusado para escuchar una historia de amor. Finalmente, queda cautivado por el cuento y se muere de ganas de saber qué les sucede a Westley y a su amada Buttercup. Las primeras palabras de Westley hacia ella son «Como desees» (que en realidad significan «Te amo»), y dedica toda la película, y varios años de su vida, a cumplir su promesa.

Al temer que un simple mozo de labranza nunca sería capaz de proveer adecuadamente a su amor, Westley se lanza en busca de fortuna con la intención de regresar un día y casarse con Buttercup. Pero, ¡ay!, sus planes se ven trastocados cuando su barco es atacado por el pirata Roberts, quien, como cuenta la leyenda, nunca hace prisioneros. Varios años después, Buttercup, que aún sigue enamorada de Westley y llora su muerte, acepta casarse con el príncipe Humperdinck, el rico e hipócrita heredero al trono de Florin. Y ahí es donde la historia se complica con giros argumentales; traiciones y dobles traiciones que hacen que la compleja *Marathon Man* de Goldman parezca casi simple en comparación. Antes de la boda, Buttercup es secuestrada por un extraño trío de hombres: el maestro espadachín español Íñigo Montoya, el siciliano Vizzini y un gigante llamado Fezzik. Buttercup no se da cuenta de que sus captores han sido contratados por Humperdinck, quien espera culpar de su secuestro y futuro asesinato al país rival de Guilder, instigando de este modo una guerra entre ambos. Humperdinck finge amar a Buttercup y parte con varios de sus soldados tras los captores. Al mismo tiempo, un misterioso hombre de negro también los persigue.

¿Confuso? La cosa mejora.

El hombre de negro persigue a los secuestradores mientras escalan los Acantilados de la Locura. Derrota a Íñigo Montoya en un duelo (también conocido como «El Mayor Duelo de Espadas de la Época Moderna»), pero elige dejarlo solo y sin conocimiento en lugar de matarlo. Además, sale victorioso en una épica demostración de combate cuerpo a cuerpo con Fezzik, burla a Vizzini en una batalla de ingenio «asombroso», y engaña al arrogante siciliano para que se envenene a sí mismo. Todo esto sucede en la primera mitad de la película y prepara el camino para la reunión de Westley y Buttercup. Lo cierto es

Defendiendo a Buttercup.

que el hombre de negro es, de hecho, Westley, que fue en realidad hecho prisionero por el pirata Roberts. Cuando Roberts alcanzó la edad de jubilarse, Westley, que creyó que Buttercup habría seguido adelante con su vida, ocupó su lugar. Este épico giro argumental se desvela cuando Westley cae rodando por la ladera más larga y empinada del mundo, después de ser empujado por una Buttercup furiosa.

De ahí en adelante, *La princesa prometida* se convierte más o menos en una película de persecuciones. Una muy divertida e inusual. Westley y Buttercup sobreviven al Pantano de Fuego, donde luchan contra sus minivolcanes de fuego, las arenas resplandecientes y los RAG. Sin embargo, finalmente son capturados por Humperdinck y el malvado conde Rugen de seis dedos (quien, casualmente, fue también el responsable de la muerte del padre de Íñigo muchos años atrás; una muerte que Íñigo ha jurado vengar). Buttercup pide a Humperdinck que perdone la vida a Westley a cambio de aceptar casarse con él, pero el príncipe rompe su promesa y en lugar de liberar a Westley, se lo entrega a Rugen, que lo encierra en el Fosa de la Desesperación y aparentemente lo tortura hasta la muerte. (Por cierto, Bill Goldman me contó más adelante que en este momento, mientras escribía el libro, rompió literalmente a llorar, debido a la tristeza que le provocó la muerte de Westley. Dijo que le tenía tanto cariño al personaje y que sabía que funcionaba, pero que también estaba preocupado por no encontrar la manera de resucitarlo. Así que aparcó el libro por un tiempo hasta que se le ocurrió una solución.)

Digo «aparentemente lo tortura hasta la muerte» porque, por supuesto, como cualquier fan de *La princesa prometida* os dirá, Westley en realidad no está muerto. (Nota: esta fue la brillante solución de Bill y lo que él llama uno de los «puntos álgidos» en su carrera creativa.) Fezzik e Íñigo (quien cree que el hombre de negro es el hombre que necesitan para asaltar el castillo de Humperdinck con éxito y enfrentarse al conde Rugen), sus nuevos aliados, llevan su cuerpo, supuestamente sin vida, hasta el Milagroso Max y su mujer, Valerie. Max les explica que Westley está «muerto en su mayoría». Reviven a Westley, traspasan el muro del castillo e Íñigo se bate en duelo y mata al conde Rugen, pero no antes de pronunciar, una vez más, la frase más famosa de su personaje: «Hola. Me llamo Íñigo Montoya. Tú mataste a mi padre, prepárate a morir». Mientras Rugen suplica por su vida y dice a Íñigo que le dará cualquier cosa que quiera si le perdona la vida, este lo mata con la frase: «Quiero que vuelva mi padre, maldito bellaco».

Mientras tanto Westley, que aún sufre una parálisis temporal parcial (un efecto secundario de la píldora milagrosa cubierta de chocolate prescrita por el Milagroso Max), esquiva un duelo con Humperdinck y consigue atarlo a una silla. Mientras Humperdinck se regodea en su cobardía, Westley y Buttercup abandonan el castillo y cabalgan triunfantes con Fezzik e Íñigo. Westley pasa el testigo (o la máscara negra, por

CHRIS GUEST

He leído docenas y docenas de guiones, o más, y sé que solo hay un puñado de gente que literalmente puedo poner en la categoría de grandes guionistas. Y Bill Goldman es sin duda uno de ellos. Su escritura es brillante. El diálogo es brillante, las descripciones son brillantes. Es divertido en todos los niveles. Y hay un montón de personajes bien trazados. Desde el punto de vista de un actor, posiblemente no se pueda pedir más. Es un sueño leer un gran guion, y tienes suerte si te pasa una vez en la vida. Aquello era algo poco habitual, creías en las palabras que tenías que decir.

MANDY PATINKIN

Nunca he sido un gran cinéfilo. Es cierto que vi *Dos hombres y un destino*, pero no sabía realmente quién era Bill Goldman. Solo leí el guion y pensé: «Esto es genial». Así que no estuve sujeto a influencias externas. Solo supe que había leído algo maravilloso. Ahora, conociendo a Goldman, por supuesto, pensaría: «Bueno, evidentemente va a ser genial.»

así decirlo, cuando Íñigo sopesa la oferta de convertirse en el nuevo pirata Roberts), comparte un glorioso beso con Buttercup y se presume un felices para siempre.

Así que esta, aunque resumida de forma atroz (de nuevo, por favor, perdóname Bill), es la historia de *La princesa prometida*. Una historia que pasamos casi cuatro meses tratando de llevar a la gran pantalla.

Finalmente, acabamos la lectura del guion y la sala entera prorrumpió en aplausos. No estaba seguro de si era una respuesta común después de una mesa italiana, pero pareció apropiado en aquellas circunstancias. Desde cualquier punto de vista razonable, el evento parecía un éxito. Estuvo salpicado de risas sinceras. Incluso Buck Henry soltó una risita en los momentos adecuados (Buck no me parecía la clase de persona que se ríe a carcajadas). Reiner estaba radiante. Bill también aplaudió, y había una ligera sonrisa en su rostro. Para el resto de los que estábamos en esa sala, creo que todos sabíamos que formábamos parte de algo especial. ¿Pensábamos que la película se convertiría en un imperecedero fenómeno de la cultura popular? Por supuesto que no. Pero ¿sentíamos que formábamos parte de algo realmente único? Absolutamente. En mi caso, tan solo me sentía enormemente agradecido de estar ahí. De formar parte de un proyecto junto a tanta gente con talento, por no mencionar el hecho de aparecer en una película escrita por el legendario William Goldman y dirigida por el célebre Rob Reiner. «La vida me sonríe», pensé.

Más tarde nos dirigimos a un restaurante cercano donde habían preparado el almuerzo fuera, en el patio trasero. Recuerdo que me senté de nuevo junto a Robin. Lo que enseguida se hizo evidente sobre ella, aparte de su sentido del humor, era lo genial que era. Molaba. Me contó que había crecido en San Diego. Que siempre había querido ser bailarina, luego había hecho algunos trabajos como modelo y de algún modo había acabado en el mundo de la actuación. Había sido la protagonista en *Santa Barbara* durante un par de años, y solo había interpretado un papel antes en una película, el de una drogadicta vagabunda en *Hollywood Vice Squad*.

Yo aún no había hecho nada en televisión y recuerdo la fascinación que sentí por cómo había sido su experiencia trabajando en un culebrón. Me explicó que tenía que aprenderse de diez a veinte páginas de diálogo diarias, que trabajaba con hasta tres cámaras simultáneamente y con un director diferente en cada episodio. Que el ritmo era muy rápido, lo que, como actriz, la forzaba a pensar a toda velocidad. Recuerdo también que me contó lo afortunada que se sentía de que le hubieran permitido saltarse el contrato para rodar la película, ya que normalmente no lo hacían. Le pregunté por qué tenía un acento británico tan bueno. Ella procedió, entonces, a hablarme sobre su padrastro británico, que la inició en los Monty Python a una edad temprana.

¿Una mujer joven, inteligente y hermosa, a la que le encantan los Monty Python, interpretando a Buttercup junto a mí? ¿Hay acaso algo mejor? Y, mientras miraba, alrededor de la mesa, a los talentos con los que iba a trabajar, me sentí afortunado de haber recibido una oportunidad tan increíble.

Para la mayoría de nosotros, el día acabó relativamente pronto, excepto para André, quien, como descubriríamos más tarde, pasó la noche en el hotel, aunque no se alojaba allí. André, como he mencionado antes, no se encontraba en su mejor forma física. De hecho, sufría. Todos esos años cargando con tanto peso le habían afectado y lo achacaban muchos dolores, que se habían exacerbado aún más en el *ring*. Recuerdo que me contó que sus oponentes rara vez se contenían a la hora de saltar sobre su espalda o estrellarle sillas de metal contra la cabeza, pensando que, como era un gigante, podía soportarlo. Descubrí mucho más tarde, por sus amigos, que su traje clásico de lucha negro de una pieza estaba diseñado específicamente para esconder una faja lumbar.

André tenía programada una operación para cuando terminara la película. Pero hasta entonces, la única medicación que podía tomar para lidiar con el dolor era el alcohol. Ahora bien, si pensáis que André podía comer, tendríais que haberlo visto beber. Era legendario. Se decía que, incluso antes de su lesión, podía beberse cien cervezas de una sentada. De acuerdo con algunas estimaciones, su consumo medio diario de alcohol era una caja de cervezas, tres botellas de vino y un par de botellas de *brandy*. Pero yo fui testigo de algo bastante diferente. A la hora de las comidas, aparte de la increíble cantidad que ingería, me fijé en que, en lugar de usar un vaso normal, André bebía de una jarra de cerveza, que, de todos modos, en sus manos parecía un vaso normal. En realidad, era de más de un litro de alcohol, trago al que apodó «el Americano»,

André con nuestro productor, Andy Scheinman

ANDY SCHEINMAN

Un día vino al trabajo y le dije: «¿Qué tal estás hoy, André?». Él contestó: «Oh, no demasiado bien, jefe». Yo le dije: «¿Qué sucede?». Él respondió: «He tenido una noche dura. Me bebí tres botellas de coñac y doce botellas de vino». Añadí: «Oh, Dios mío, ¿vomitaste?». Se limitó a sonreír y respondió: «No, no…, pero me puse un poco contento». Ese era André.

ROBIN WRIGHT

Recuerdo que la primera vez que fui a cenar con él pidió cuatro o cinco platos. No bromeo. Tres o cuatro aperitivos, un par de cestas de pan y, entonces, dijo algo así como: «Estoy listo para el segundo». Y luego, el postre. Era un pozo sin fondo.

una combinación, por lo general, de licores más y menos fuertes y cualquier cosa que le apeteciera mezclar ese día. Debería anotar que ni una sola vez vi ninguna señal de que el alcohol le afectara, cosa que tenía sentido, dado su tamaño. Así que, niños, no probéis esto en casa, ¡porque lo más probable es que acabéis en el hospital!

Resulta que la misma noche después de la mesa italiana, André decidió catar algunos de los mejores licores y aperitivos añejos de las bodegas del prestigioso hotel y terminó cerrando el bar. Cuando llegó la hora de la última copa, se levantó para marcharse, pero no consiguió llegar a la puerta principal, sino que se derrumbó inconsciente en el vestíbulo.

Llamaron al portero de noche, quien a su vez convocó a los de seguridad, que a su vez llamaron al personal de mantenimiento. Al parecer, hacía falta mano de obra. Aun así, pese a los valientes esfuerzos, no hubo manera de despertar o siquiera mover ligeramente a lo que solo puede describirse como un Gulliver inconsciente de más de 200 kilos tirado sobre una muy ornamentada alfombra. Se convocó una reunión y se tomó la sabia decisión de dejarlo allí. Era eso o llamar a la policía, pero no creo que la dirección del hotel quisiera esa publicidad.

Por razones de seguridad, tanto para protegerlo a él como a otros clientes, decidieron colocar una pequeña barrera de cordones de terciopelo alrededor de André, que ya estaba roncando lo bastante fuerte como para hacer temblar las paredes del vestíbulo. Tenían la esperanza de que despertara pronto por sí solo. Pero no fue tan pronto como se esperaba.

Los limpiadores que llegaron a la mañana siguiente para pasar la aspiradora no tenían ni idea de qué hacer con el colosal gigante dormido que les bloqueaba el camino y, literalmente, tenían pánico de tocarlo. Entonces, alrededor de las diez de la mañana, André se removió y, al fin se despertó con los ruidos de las aspiradoras, ante las miradas horrorizadas del personal y los huéspedes del hotel. Se mostró impávido ante todo aquello. Se puso en pie, se arregló un poco la ropa y el pelo, y fue directo a la puerta principal: su meta original. El portero, sorprendido, llamó a un taxi, pero el conductor se negó a llevarlo tras echarle una mirada. Finalmente, se envió una furgoneta y André llegó a casa sano y salvo. Huelga decir que ahora este episodio forma parte de la historia del hotel.

4

«EN GARDE!»

De niño no era un atleta especialmente notable. Como la mayoría de los demás niños del Reino Unido, jugaba al fútbol, a rugby y a *cricket*, pero no demasiado bien. El único deporte en el que destacaba eran las carreras de larga distancia. Y aunque, en general, trataba de mantenerme activo físicamente, desde una edad temprana me interesé más en las artes que en los deportes. Así que consideré todos los requisitos del papel con cierta inquietud.

No se trataba solamente de tener el «aspecto» adecuado, o incluso saber usar el humor en el momento justo. También debía tener un físico específico para el papel. Y aunque era lo bastante joven, estaba lo bastante en forma e, incluso, tal vez, era lo bastante ingenuo como para pensar que podía con casi cualquier cosa que me se me presentara, la realidad de la situación era bastante diferente.

Sabía que podía correr a través del Pantano de Fuego, pelear con Roedores de Aspecto Gigantesco e incluso, quizá, luchar contra un gigante. Pero, en lo referente a la lucha de espadas, tenía que admitir que sencillamente no tenía ni idea de la complejidad de la preparación que requeriría para llevarlo a cabo de forma aceptable. Y para ser honesto, un simple «aceptable» no era suficiente. No para una escena que el mismo Goldman describía en el guion como el Mayor Duelo de Espadas de la Época Moderna. Por lo visto, Goldman pasó meses investigando sobre la lucha con espadas, y todas esas referencias a defensas concretas y estilos se basaban en técnicas completamente rigurosas de espadachines legendarios de los siglos XVI y XVII. Todavía se pueden comprar por internet algunos de los manuales de esgrima escritos por ellos. Libros como *The Academy of Sword* (1630), del maestro flamenco Gerard Thibault d'Anvers. O *Great Representation of the Art and Use of Fencing*, escrito por el maestro italiano Ridolfo Capo Ferro, que data de 1610. E incluso *Treatise of the Science of Arms with Philosophical Dialogue*, de su compatriota (el notable esgrimista, ingeniero, matemático y arquitecto del Renacimiento) Camillo Agrippa, publicado en 1553.

Por aquel entonces, yo no sabía quién era ninguna de esas personas y, de hecho, no sabía mucho sobre la lucha con espadas en general. Durante el proceso se lo confesé tanto a Rob como a Andy. Y les dije que, aunque había tomado algunas clases de esgrima en la escuela de teatro, mis tutores determinaron que no era algo que creían que fuera a dominar jamás. No era solo un novato; era un inútil.

—No te preocupes —insistió Rob—. Entrenarás con los mejores. ¡Será divertido!

¡Entrenar, con los mejores!

Siempre suena divertido en una conversación, pero la realidad práctica es algo bastante diferente. Se parece más bien a: «¡No te preocupes, vas a entrenar con los mejores *sherpas* para que te ayuden a escalar el Everest!» o «No te preocupes, vas a entrenar con el mejor hombre bala del mundo antes de que te disparemos del cañón». Siempre había admirado a los atletas serios y trato de tomarme un reto como una oportunidad. Y entonces, pensé: «Espera un momento. ¿De verdad es tan difícil? He visto un montón de películas de Errol Flynn y de Douglas Fairbanks». Mi estúpida teoría en desarrollo era que, si ellos podían, yo también. No parecía tan difícil. Un par de golpes rápidos, un juego de pies sofisticado. Se parecía más a un baile que a un combate.

«Puedo hacerlo», pensé. No había problema.

Por supuesto, me engañaba a mí mismo.

El mismo día que visité por primera vez las oficinas de producción de los estudios Shepperton, me dijeron que se pondrían en contacto conmigo los dos caballeros a cargo del entrenamiento de esgrima y la coordinación de las escenas de acción de la película. Se llamaban Peter Diamond y Bob Anderson. Me avergüenza un tanto admitir esto ahora, pero nunca había oído hablar de ninguno de estos dos hombres cuando recibí el mensaje aquel día. Razoné correctamente que Rob sabía lo que hacía y que solo le asignaría una tarea tan importante a gente seriamente cualificada.

De hecho, resultó que me había quedado corto.

Peter Diamond había dedicado tres décadas a lo que generalmente se considera una de las carreras más legendarias de cualquier doble de acción o coordinador de escenas de acción, tanto en cine como en televisión. Como entrenador de esgrima, había trabajado con Errol Flynn y con Burt Lancaster. Y solo en la década anterior había sido coordinador de escenas de acción en la trilogía original de *Star Wars*. Para los «wookipedias» que estén leyendo esto, el morador de las arenas que sorprende al joven Luke Skywalker en la cima del monte Tatooine con ese grito horripilante era Peter. También fue el organizador y coordinador de escenas de acción en películas como *Desde Rusia con amor,*

ROB REINER

Como la pelea de espadas está descrita como el Mayor Duelo de Espadas de la Época Moderna, quería cumplir con ello. Quería que fuera magnífica y que Cary y Mandy fueran capaces de hacerlo. Sabía que en todas las viejas películas de Errol Flynn, *El capitán Blood* y *Robin Hood* y tal, solo hacía los primeros planos de sus duelos; para los planos generales siempre ponían dobles y grandes espadachines. De hecho, uno de los espadachines que usamos, Bob Anderson, hacía de doble de Flynn. Era un esgrimidor olímpico, y él y Peter Diamond fueron los dos tipos que construyeron esa secuencia de esgrima.

En busca del arca perdida y *Los inmortales*. Con una formación clásica en la Real Academia de Arte Dramático, Peter también había aparecido frente a las cámaras, no solo como doble de acción, sino también como actor. Es el soldado alemán que ve Indy por el retrovisor subiendo junto al camión que acelera a ciento treinta kilómetros por hora sin arnés en *En busca del arca perdida*. Peter acumuló más de mil reconocimientos antes de fallecer en 2004, a los setenta y cinco años. Fue dinámico y trabajó activamente hasta el último año de su vida.

Bob Anderson era también nativo de Inglaterra y una especie de héroe nacional, ya que había servido en el Cuerpo de Marines Reales durante la Segunda Guerra Mundial y representó al equipo de esgrima de Gran Bretaña en los Juegos Olímpicos de verano de Helsinki en 1952. Más tarde, se convirtió en presidente de la Academia Británica de Esgrima y en entrenador del equipo nacional británico. Su pericia como espadachín lo llevó finalmente a Hollywood, donde se convirtió en un doble muy codiciado y en coordinador de peleas. El currículum del hombre era imponente: había entrenado a Errol Flynn para el papel de Peter en los cincuenta, coreografiado escenas de lucha para las diversas películas de James Bond en los sesenta y trabajado junto a Peter en *Desde Rusia con amor* y (atención a los Star Warrior) en la trilogía de *Star Wars*. Es Bob quien usa el lado oscuro de la fuerza interpretando a Vader en todas esas escenas con sables láser. Bob también falleció, en 2012, a los noventa años, pero trabajó hasta el último y sirvió como «maestro espadero» para la trilogía del Señor de los Anillos de Peter Jackson.

No había Google por aquel entonces, y en retrospectiva, casi creo que fue mejor que ignorara la increíble reputación de esos dos hombres con los que iba a entrenar. Si hubiera conocido sus carreras, me habría sentido completamente intimidado. Pero sentía curiosidad por el hombre con el que me batiría en duelo. Mientras tomábamos unas copas después de la primera mesa italiana, empecé a conocer un poco a Mandy.

En algún momento, la conversación pasó naturalmente al tema del duelo de espadas y la preparación a la que se esperaba que sobreviviéramos antes del rodaje. Le pregunté despreocupadamente si tenía alguna experiencia con la esgrima.

MANDY PATINKIN

Goldman había escrito en la introducción que mi personaje era «el mejor espadachín del mundo», y supuse que eso era lo que tenía que aprender a hacer. Así que me puse en contacto de inmediato con Henry Harutunian, que era el entrenador de esgrima de Yale, y trabajamos juntos durante dos meses. Me enseñó las bases de la esgrima. Yo soy diestro, y primero me enseñó a luchar con la mano izquierda: trabajamos con la izquierda antes que con la derecha, y de hecho acabé siendo un mejor espadachín zurdo que diestro.

Frunció un poco el ceño (de la misma manera que podría haberlo hecho Íñigo Montoya) y dijo:

—Lo cierto es que no.

Suspiré aliviado.

—Yo tampoco, la verdad. Solo aprendí un poco en la escuela de teatro, pero no me acuerdo de nada —respondí.

Supuse que ambos empezábamos de cero. Después descubriría que Mandy había estado entrenando durante dos meses en los Estados Unidos y estaba, por tanto, muy por delante de mí en el proceso.

En retrospectiva, creo que me evaluó desde el momento en que nos dimos la mano, como si tratase determinar si era alguien a quien podía «vencer». Eso es lo curioso de actuar: puede ser algo colectivo y colaborativo, pero también intensamente competitivo. Una sana competición entre actores no es nada malo. Como actores, trabajamos juntos, pero también intentas presionar al otro para sacar lo mejor de cada uno. Sabía que no solo tendría que dar lo mejor de mí mismo como actor, sino que también debería mantenerme alerta en el duelo que libraríamos. Después de todo, usaríamos espadas el día del duelo, no los estoques con protección con los que practicábamos.

ROB REINER

Estoy seguro de que había una especie de competición entre Cary y Mandy, y creo que probablemente era sana. Este es supuestamente un duelo a muerte, y también una competición. Estoy seguro de que ambos lo tenían presente.

MANDY PATINKIN

Era 1986. Mi padre murió en 1972. Leí el guion y quise interpretar el papel de Íñigo porque inmediatamente pensé: «Si puedo acabar con el hombre de seis dedos, entonces recuperaré a mi padre en mi mundo imaginario. Estará vivo en mi imaginación». Así que eso fue para mí. Pensé: me convertiré en el mejor espadachín de todos, y mi recompensa no será estar en esta película, que acabó siendo en lo que se ha convertido para toda esa gente; mi recompensa será que mi padre regresará.

Habiendo conocido un tanto a Mandy, puedo decir con cierta seguridad que Íñigo Montoya era el papel perfecto para él; había nacido para interpretarlo. Al igual que Íñigo, Mandy era apasionado y ambicioso, si no un poco competitivo. Incluso hoy, cuando lo ves actuar, se nota que es un actor que todavía tiene astillas en los pies de todos los años que pasó sobre los escenarios de Broadway. Allí pulió su confianza y su profesionalidad, actuando en directo sobre un escenario literalmente miles de veces. Y no hay duda de que algunos de los mejores actores han pulido sus habilidades en el teatro. Mandy desde luego, forma parte de esa categoría.

Para cuando lo conocí, ya se había establecido como un actor excepcionalmente versátil, y no solo había protagonizado *Ragtime*, sino también *Yentl* (por el que fue nominado a un Globo de Oro). También había recibido un Tony por su papel como el Che Guevara en 1979 en *Evita,* de Andrew Lloyd Webber. No consigues un currículum así sin un grado significativo de talento y ambición. Mandy tenía ambos en abundancia. A día de hoy, es difícil imaginar a otro interpretando a Íñigo Montoya. Él cogió el papel y lo hizo suyo, lo adoptó

ROB REINER

Mandy es un gran actor, pero ya sabes, todos los actores son inseguros. No le vi la inseguridad de Cary, pero obviamente la tenía. No conozco a ningún actor que no sea inseguro. Sin embargo, en esa época, Mandy mostraba sus inseguridades abiertamente. Las sacaba a la luz. Había hecho *Evita* y *Sunday in the Park with George,* había ganado un Tony, y es un actor brillante, con muchísimo talento. Pero había trabajado en *Se acabó el pastel,* donde lo reemplazaron por Jack Nicholson, y estaba muy preocupado de no hacerlo bien en *La princesa prometida.* Quería que fuera perfecto, y después de uno de los primeros días del rodaje, fui a su tráiler y le dije: «Mandy, no tienes que hacer nada. Tienes tanto talento que no hace falta que te esfuerces; simplemente, no te cortes las alas. Tus líneas son fantásticas y eres un actor brillante. Solo tienes que dejarlas salir y lo harás estupendamente». Y desde aquel momento, lo hizo genial.

con un fervor y una intensidad que habría hecho que la familia Montoya se sintiera orgullosa.

Así que tenía un rival formidable en Íñigo. Eso se hizo evidente desde el momento en que entrenamos para la secuencia del duelo, que para nosotros empezó casi de inmediato. La misma mañana después de la mesa italiana, recibí una llamada muy temprano de uno de los entrenadores.

—Buenos días, Cary. Soy Peter Diamond. ¿Estás listo para un poco de esgrima?

—Absolutamente —dije con entusiasmo, aunque un poco adormilado.

—Tengo que preguntar antes de que empecemos... ¿Has practicado alguna vez?

Compartí una vez más mis habilidades de aficionado perfeccionadas en la escuela de teatro.

—¿Te acuerdas de algo?

—Um... No. La verdad es que no.

—Vale. No es un problema. De hecho, probablemente sea lo mejor —respondió.

—¿Qué tengo que llevar? —pregunté.

—Chándal, zapatillas y una camiseta —contestó el hombre.

—¿Eso es todo? ¿Nada más?

—No, ven preparado para trabajar. Haremos una pausa para almorzar rápido, pero básicamente vamos a entrenar de nueve a cinco, cinco días a la semana.

Pensé en ello durante un momento. ¿Ocho horas al día? Eso significaba cuarenta horas a la semana.

—¿En serio? —pregunté medio en broma.

Hubo una pausa al otro lado de la línea.

—Oh, sí, Cary. Tenemos mucho trabajo que hacer —respondió él, con un tono de voz que dejaba claro que no iba a aguantar tonterías—. Empezamos mañana a primera hora. A las nueve en punto.

Luego, me dio los detalles del lugar donde nos íbamos a encontrar. Lo apunté en una libreta, nos despedimos y colgué el teléfono. No tenía ni idea de qué esperar. Aún no había descubierto que él y Bob Anderson no eran solo dobles, sino los mejores entrenadores de esgrima disponibles. Ni tampoco había entendido del todo el concepto de una semana de trabajo de cuarenta horas enteramente dedicada a volverme competente en un empeño atlético. Para decirlo suavemente, era un poco más de lo que había previsto.

Al día siguiente llegué puntualmente a las nueve de la mañana, como se me había pedido, al estudio de danza que la producción había alquilado para nosotros, en Oxford Street en el Soho. Al cruzar la puerta, me fijé de inmediato en que Mandy ya estaba allí, espada en mano, respirando con dificultad y con la cara reluciente de sudor; era evidente que llevaba allí un rato.

¡Maldito seas, Íñigo!

Me presenté a Peter y a Bob. Con toda franqueza, mi primer pensamiento fue: «Guau, realmente han escogido a unos viejos para trabajar con nosotros». Pero vaya si estaba equivocado. Con un metro sesenta y siete de altura, Peter era un hombre bajito, con el pecho fuerte y ancho y brazos gruesos, manos grandes, mejillas sonrosadas y una sonrisa fácil y jovial, que a sus cincuenta y siete años todavía estaba en plena forma física y duro como el acero. Tenía un aspecto atlético y un buen físico. Se veía que podía cuidarse solo

en casi cualquier situación y que podía desarmar fácilmente a cualquiera en un nanosegundo, con o sin arma en mano. Una vez lo demostró en un bar, mientras sostenía una cerveza en una mano de la que no se derramó ni una gota.

Físicamente, Bob era lo opuesto. Alto y ágil, tal vez llegaba a los dos metros, y era igual de impresionante, pero de una manera distinta. Tenía la estatura que se espera de un esgrimista. E, incluso a la edad de sesenta y cuatro años, se movía tan rápido como Peter, y era increíblemente flexible y diestro con la espada. Ambos estaban más en forma que la mayoría de hombres de la mitad de su edad, que era precisamente mi sector demográfico.

¿Nervioso?

Bob procedió a explicarnos a Mandy y a mí que el uso más eficiente de su tiempo y del de Peter sería separar sus esfuerzos educativos: yo trabajaría con el segundo, mientras que Mandy trabajaría con él. Entonces, me hizo algunas preguntas básicas sobre esgrima y el manejo de la espada, ninguna de las cuales pude responder. Resultó que Mandy sí, ya que había comenzado su entrenamiento en los Estados Unidos.

¡Maldito seas otra vez, Íñigo!

—Vale —dijo Peter—. Los dos, agarrad una espada. Empecemos por el principio. Tenéis que saber cogerla correctamente.

Hicimos lo que se nos indicó. Miré por el rabillo del ojo a Mandy, quien claramente parecía mucho más cómodo que yo.

—Así —dijo Peter, mostrándonoslo a ambos, pero mirándome a mí—. Con la fuerza justa; esa es la frase que tenéis que recordar.

Ajustó mi agarre. Sentía la espada, un estoque ligero, como algo extraño y, sorprendentemente incómodo en la mano.

—Piensa en ello como si estuvieras sujetando un pájaro —añadió Peter—. Si lo sujetas con demasiada fuerza, lo estrangularás; con demasiado poca, se escapará volando.

Entonces, como para demostrar su argumento, Peter golpeó mi espada con la suya más rápido que un rayo (tan rápido que apenas la vi moverse) y provocó que saltara de mi mano y aterrizara en el suelo con un repiqueteo.

—¿Ves? —dijo con una sonrisa.

—Sí.

La verdadera respuesta, por supuesto, era «no». Ni siquiera lo había visto venir. Me quedé inmediatamente embelesado con la habilidad y el dominio de esos hombres. Solo esperaba cumplir con sus expectativas.

Entonces, Peter ajustó la mano de Mandy un poquito.

—Ah, sí —comentó—. Ya veo que has hecho algo antes.

Mandy se encogió de hombros. Para él era algo sin importancia. El novato en la sala ya había sido detectado.

Y entonces nos pusimos manos a la obra. El primer día lo dedicamos a los movimientos más básicos del cuerpo, empezando con la postura correcta. El objetivo no era la maestría; no había tiempo para ello. En lugar de eso, sería la ilusión de maestría, y eso solo podía conseguirse cumpliendo con los fundamentos de la esgrima: cómo estar de pie, dónde colocar los brazos y los pies. Cómo sostener la mano libre, no apretada sino relajada (algo que me costó mucho perfeccionar). Un esgrimista profesional, nos explicaron, podría ver una secuencia de duelo de espadas de una película y saber de inmediato si los actores involucrados eran completos aficionados. Lo más fácil de ver era cuando los actores o los do-

MANDY PATINKIN
Fui a Londres y entrené rigurosamente con Bob Anderson a diario. Cary y yo aparecíamos, a menudo, en escenas diferentes, así que él filmaba y yo tenía tiempo libre para entrenar con Bob ocho o diez horas al día, y cuando yo rodaba, Cary tenía tiempo para entrenar de ocho a diez horas al día. Nos encontrábamos a la hora del almuerzo para practicar juntos. E hicimos esto durante cuatro meses del rodaje, y la mayoría de escenas de esgrima se rodaron hacia el final de la película para que tuviéramos el tiempo necesario para prepararnos.

bles solo golpeaban las espadas de un lado a otro, como harían unos niños con palos.

Nos explicaron que habían pedido que las secuencias de lucha se rodaran al final de la producción para darnos unas cuantas semanas de intenso entrenamiento diario para prepararnos, seguidas de unos cuantos meses de entrenamiento durante el rodaje. Bob señaló que, aunque no era posible que ninguno de los dos nos convirtiéramos en esgrimistas de categoría olímpica en ese tiempo, tal vez, con la ayuda y consejo de él y de Peter, podríamos engatusar a casi todo el público, salvo por los más exigentes. Después de todo, sus reputaciones también estaban en juego, señaló.

Aprender a adoptar la postura de esgrima es como la calistenia, nos explicaron. Tienes que tener las piernas muy fuertes, en especial los muslos, y son los muslos lo que tienes que entrenar para conseguir la postura correcta. «Si no lo haces, entonces todo se convierte en una papilla», dijo Peter. Tienes que descansar sobre las caderas, con las rodillas ligeramente dobladas todo el tiempo, pero con la espalda recta y las piernas separadas (un pie mirando hacia un lado y el otro hacia el otro) de manera que seas capaz de moverte hacia delante y hacia atrás en todo momento. Casi como un cangrejo. Y es mucho más rígido e incómodo de lo que uno se imagina.

Al mediodía de la primera jornada en mi cabeza ya estaba pidiendo a gritos un descanso para almorzar, y no porque estuviera especialmente hambriento, sino porque los músculos del torso, unos cuya existencia desconocía, me palpitaban en agonía. En nada me encontré cubierto de sudor, y Mandy solo un poco menos.

—Mantén la mano izquierda en el aire —dijo Peter, refiriéndose a mi mano libre—. Tu muñeca derecha tiene que estar relajada y libre. No debes estar tenso. Si te sientes tenso, se te verá tenso.

Lo escuché con atención y traté de seguir todas las instrucciones, pero como cualquier atleta podrá deciros, te colapsas cuando la mente quiere pero el cuerpo no puede. Mis músculos gritaban de dolor, como si hubiera hecho mil abdominales. Las pantorrillas y los muslos me ardían como si acabara de subir cien escaleras.

Mandy posa para su figura de acción. Escenario C.

—Adelante y atrás, adelante y atrás —indicó Peter.

Me desplacé apresuradamente por la sala, arrastrando los pies con torpeza de una pared a otra. La idea era simplemente conocer el movimiento. Me dijeron que no me preocupara mucho por la espada en ese momento, que me limitara a sostenerla en alto y ni siquiera pensara en hacer nada con ella por el momento; todo eso vendría más adelante. El arma, explicaron, se convertiría en una extensión de mi brazo. Por supuesto, el mero hecho de sostener la espada durante todo ese tiempo era agotador. Cada pocos minutos, Peter me decía que parara y ajustara el agarre o la postura. Entonces, seguíamos un poco más.

Aquella tarde, nos obsequiaron con un extraordinario pequeño espectáculo.

—Vamos a mostraros lo que es realmente la esgrima —dijo Bob.

Nos ordenaron que nos colocáramos a un lado del estudio mientras él y Peter tomaban posición uno frente al otro y se batían en duelo. ¡Era algo realmente digno de ver! Se movían a la velocidad del rayo. Y el hecho de que hubieran esperado hasta que los dos estuviéramos cansados y sintiéndonos unos completos ineptos fue un golpe de genialidad profesoral, ya que realzó enormemente nuestro interés por la habilidad y la destreza exhibidas. Si la demostración hubiera tenido lugar al principio del día, antes de haber tenido la oportunidad de manejar torpemente el arma, tal vez no habría apreciado del todo lo que estaba viendo. Pero en ese momento, con los músculos doloridos y mi frustración en aumento, no podría haber estado más impresionado.

Miré a Mandy. Este me devolvió la mirada y sonrió. Muy silenciosamente, gesticulé «¡Guau!», y él asintió con la cabeza.

Creo que incluso aplaudimos cuando terminaron. Entonces, Bob explicó que lo que habíamos presenciado era una versión refinada de la primera de muchas secuencias que esperaban enseñarnos.

¿La primera de muchas? ¿Cuántas?

—Esto es lo que vamos a hacer —dijo Bob, mirándome—. Después de que te entrenemos un tiempo, le daremos la vuelta y te enseñaré los movimientos de Mandy.

Mmmmmmmmmm. Vale…

—Entonces, Peter le enseñará a Mandy todos tus movimientos. Básicamente, vais a aprender los movimientos del otro para que no cometáis errores.

Otra pausa. Una mirada dura, de maestro a aprendiz.

—¿Todo claro?

De nuevo, miré a Mandy. Asentimos al unísono.

La cantidad de libertad creativa que se les había dado a Bob y a Peter era notable a la par que lógica. Aparte de la declaración de Goldman de que este tenía que ser el Mayor Duelo de Espadas de la Época Moderna, y todas las referencias a las técnicas históricas, había de hecho acotaciones limitadas en el guion mientras Westley e Íñigo trepaban arriba y abajo por las rocas e intercambiaban frases ingeniosas.

Con esas nueve palabras como guía principal (y teniendo en mente el giro a la mitad, donde ambos combatientes revelan que han estado batiéndose con su mano más débil), Peter y Bob tuvieron prácticamente carta blanca para coreografiar una pelea que esperábamos fuera recordada como una de las mejores jamás exhibidas en la gran pantalla.

Por suerte, estaban más que capacitados para el trabajo.

Aquel día, mientras almorzábamos, charlamos sobre películas y el papel de los dobles y los coordinadores de escenas de acción. Allí fue donde Mandy y yo conocimos sus anteriores trabajos en cine y televisión. Mientras Bob y Peter nos contaban cómo había sido trabajar con Errol Flynn, Burt Lancaster, Sean Connery, Alec Guinness y Harrison Ford, nuestro entusiasmo y respeto crecía enormemente.

Bob explicó que para sacar adelante la secuencia, el duelo debía ser convincente tanto desde un punto de vista estético como atlético. En resumen, tenía que parecer de verdad. Añadió que desde el principio la meta de Rob había sido rodar una escena en que los propios actores aparecieran en todos los fotogramas de la pelea, en lugar de utilizar dobles. Eso era algo ambicioso; después de todo, como Peter señaló, incluso Lancaster, Flynn y Fairbanks dejaban en ocasiones que los auténticos maestros de la esgrima hicieran el trabajo más difícil.

Doble ups.

Ambos nos sugirieron que hiciéramos los deberes y viéramos algunas de las mejores películas de espadachines que Hollywood había producido, como *El pirata negro, Robin de los bosques, El halcón de los mares,* etc., para que las estudiáramos y absorbiéramos su arte y atletismo.

—Y recordad que vamos a hacerlo aún mejor. Vamos a crear el mejor duelo con espadas con la historia —declaró Bob con confianza.

—Y mientras os enseñamos a pelear, mientras avanzamos con el entrenamiento, veréis cómo compusieron las secuencias en esas películas —explicó Peter.

Y estaba totalmente en lo cierto. Ver una de esas películas antes del entrenamiento era una experiencia completamente diferente a verla después de haber trabajado con Peter y Bob. Realmente advertías cómo y qué habían practicado. Sabía dónde habían cometido errores y en qué partes de la pelea habían metido la pata. Nuestra tarea era encontrar esos errores y señalárselos a nuestros maestros.

Después de almorzar, fuimos a estudios separados, como haríamos durante las próximas semanas antes de empezar a rodar en exteriores. Yo practiqué con Peter, y Mandy con Bob. Era el método de prueba y error, empezar y parar cada vez que cometía un fallo (que era a menudo). Era casi como rodar una escena de una película: si cometes un error, paras y vuelves al principio. Y Peter me hizo repetirlo una y otra vez, hasta que lo entendí. Era cuestión de repetición, como aprenderse las frases de un guion. No había atajos. Había que trabajar en ello hasta que se volvía automático.

Las peleas escritas son muy parecidas a la coreografía de una danza: dos compañeros trabajan juntos con la esperanza de crear algo perfectamente sincronizado. Pero, en una pelea, está el elemento añadido de la competición. El público tiene que creer que los dos combatientes realmente quieren hacerse daño. Con ese fin, los actores deben «luchar» de verdad, a pesar de saber cómo acabará la batalla.

Hay algunos movimientos universales muy básicos, y Mandy y yo tuvimos que aprenderlos antes de hacer nada más. El primero era esencialmente cómo defenderte. Por ejemplo, para desviar un golpe, teníamos que pensar en nuestras espadas como en una extensión de las manos. Entonces, si estoy mirando a mi «oponente» y tengo la mano que sostiene la espada directamente frente al rostro, y mi oponente trata de golpearme el lado derecho de la cabeza, como si quisiera darme una bofetada para cortarme el cuello de lado, mi maniobra de bloqueo es mover el brazo a la derecha mientras el golpe se acerca. Entonces, mi espada queda arriba y bloquea de manera efectiva la hoja de mi oponente. Parece bastante dramático y potencialmente letal, pero en realidad lo único que he hecho ha sido mover la espada unos cuantos centímetros hacia un lado, anticipándome a su ataque, de manera muy similar a como moverías el brazo o la mano si alguien intentara golpearte desde ese ángulo. Por otro lado, si mi oponente trata de cortarme el muslo o herirme el abdomen, en lugar de mover el puño hacia arriba y hacia la derecha, simplemente giro la espada hacia abajo y hago lo mismo. Si trata de cortarme el costado izquierdo, me muevo hacia ese mismo lado, y así. Obviamente, esto requiere un poco de coordinación para evitar accidentes o heridas, pero con tiempo y práctica, nos aseguraron, se convertiría en algo rutinario. La economía del movimiento es primordial, dijeron. Todo debía parecer más peligroso y difícil de lo que realmente era.

Y así practicamos cada una de esas maniobras, tal vez, cientos de veces solo el primer día.

—Comienza trabajando la muñeca —dijo Peter después de un rato—. Recuerda: tienes que fluir.

»Hay algo casi zen sobre la esgrima —añadió—. Debes dejar que la espada te guíe.

—¿Quieres decir que es como «usar la fuerza»? —pregunté, haciendo referencia a su trabajo en aquella película.

—Sí, ¿por qué no? —respondió—. Y mira siempre a los ojos a tu oponente. No mires su espada. Si lo haces, cometerás un error. Pero si lo miras a los ojos, sabrás cuál va a ser su próximo movimiento, porque lo telegrafiará. —Yo solo podía pensar en la frase de Bruce Lee de *Operación dragón,* cuando le da un golpe en la cabeza a su aprendiz con la advertencia «No pierdas de vista a tu adversario».

Me pareció interesante que no lleváramos ningún tipo de protección mientras entrenábamos: ni guantes, ni protecciones para el pecho, ni máscaras. Sí, las puntas de las espadas estaban cubiertas, pero aun así podrían sacarte un ojo de la cuenca o herirte si se blandían temerariamente. Para enfatizarlo, en un momento, Peter me azotó en las costillas con su estoque.

Me encogí de dolor reprimí un pequeño gemido.

—¿Lo has notado? —preguntó, aunque creo que conocía la respuesta.

—Un poco —mentí.

—Bien —dijo él—. Recuérdalo. Eso es lo que puede pasarte si no prestas atención.

Me sentí como el Pequeño Saltamontes de la serie de televisión *Kung Fu.* Tenía razón, ese entrenamiento era muy zen.

Bromas aparte, Peter y Bob eran serios e intensos con respecto a su trabajo. Estaba claro que no perdían el tiempo. Querían asegurarse de que íbamos al grano, por así decirlo.

Mientras el primer día llegaba a su fin, con Mandy y yo absolutamente exhaustos a esas alturas, nuestros entrenadores nos ofrecieron lo que equivalía a una evaluación honesta.

—Obviamente, el momento clave de la secuencia —dijo Bob— es cuando cambiáis la espada de la mano izquierda a la derecha. Para ser sinceros, no estamos seguros de que podamos enseñaros a ser competentes con la mano izquierda a tiempo. Solo queremos que lo sepáis. Se lo hemos dicho a los productores y a Rob. No puedes enseñarle a alguien a luchar con la mano izquierda en tan poco tiempo y conseguir un resultado totalmente profesional.

Hizo una pausa y miró a Peter.

—Así que probablemente tendremos que tener dobles preparados si hace falta. Solo por si acaso.

En retrospectiva, me pregunto si esto era cierto, o simplemente una estrategia de motivación por su parte. Desde luego, el efecto que tuvo fue el segundo, sobre todo en el caso de Mandy, que dijo, casi sin vacilar: «No os preocupéis. Lo conseguiremos».

La sala se quedó en silencio durante un momento. Mandy me miró. ¿Qué iba a hacer yo? ¿Pensaba que un doble podía ser necesario para recrear «el Mayor Duelo de Espadas de la Época Moderna»? Por supuesto. Se me ocurrió que tal vez no era una mala idea después de que Bob lo sugiriera. ¿Iba a admitirlo en ese momento, segundos después de que Mandy hubiera prometido que tal asistencia no era necesaria?

Ni hablar del peluquín.

—Claro —dije—. Podemos hacerlo.

Esa noche, mientras arrastraba los pies por mi habitación con los músculos y las articulaciones doloridas, me pregunté en qué me había metido. ¡A duras penas podía luchar con la mano derecha! ¿Cómo diantres iba a aprender a hacer todo aquello con la izquierda? Casi no podía caminar ni levantar nada.

El segundo día de entrenamiento, menos de doce horas más tarde, fue incluso peor. Pasé toda la mañana en cuclillas, tratando de ignorar cómo me ardían las piernas.

—Te dije que ibas a estar un poco agarrotado —dijo Peter con una sonrisa.

Tras una hora de entrenamiento, dejé de centrarme en la rigidez y pasé al temor y a la duda severa. No temor como el que inspiraba el pirata Roberts, ¡sino temor de verdad! El miedo se estaba apoderando en mí.

¿De verdad podía hacerlo?

Aunque tenía los mejores entrenadores del mundo y un coprotagonista cuyo inquebrantable compromiso me estimulaba a un nivel que creía inalcanzable, me di cuenta de que el arte de la esgrima era exponencialmente más difícil de dominar de lo que parece. Y si eres un completo novato, incluso si entrenas varias horas al día para alcanzar aunque sea solo un dominio ficticio, es casi imposible. No me importa si eres el tío más en forma del mundo y tienes la destreza de Yoda.

Se me puede acusar de muchas cosas, pero no de dejar las cosas a medias. Así que seguí yendo al estudio, día tras día, y, por suerte, después de un tiempo, las cosas empezaron a ser un poco más fáciles. Sin prisa, pero sin pausa, mis músculos se adaptaron a las tareas que se esperaban de ellos. El error dio paso a la competencia. Peter y Bob lo desglosaban todo en minucias. Entrenábamos y entrenábamos, aprendiendo una secuencia a la vez. Nos enseñaban los primeros cinco movimientos, luego añadían cinco movimientos más, y luego otro set…, y etcétera, hasta que finalmente esbozamos toda la pelea.

Tras unas semanas, empecé a ganar más confianza, tal vez incluso me volví un poco engreído. Es algo natural, supongo, en cualquier empeño deportivo, especialmente en aquellos que involucran un combate. Quería presumir ante mis mentores, tal vez incluso probarme a mí mismo que merecía su respeto.

—Venga, muéstrame de lo que eres capaz —le decía a Peter.

Inevitablemente, poco después de ese comentario insolente, venía un rápido destello plateado, el sonido del metal al chocar contra el metal, y de repente me encontraba allí de pie desarmado, después de que hubiera barrido mi espada de la mano y la hubiera arrojado al suelo en lo que parecía menos tiempo del que se tarda en tomar aliento. Como si necesitara que me lo recordaran, esa era la humilde prueba de que cualquiera de esos dos hombres, pese a ser tres décadas mayores que yo, podían darme una lección en cualquier momento.

Y así siguió, durante dos semanas y media. Mandy y yo no pudimos desarrollar mucha camaradería en ese tiempo porque, durante la mayor parte, nos mantenían separados. De vez en cuando traían a Mandy al estudio en el que yo estaba entrenando con Peter y decían:

—Vale, veamos como lo probáis el uno con el otro. Solo la primera secuencia.

Entonces, practicábamos un par de veces, cometíamos algunos errores y volvían a separarnos.

Al final de cada día, conducía hasta casa, remojaba los músculos doloridos en una bañera caliente, comía algo y trabajaba en el guion. Lo había devorado de principio a fin unas cuantas veces ya, y me gustaba cada vez más, pero no había empezado realmente a memorizar todas mis frases. Lo había intentado un par de veces, pero los esfuerzos físicos del día demostraban ser demasiado agotadores. Tan pronto como me acurrucaba en el sofá y miraba las palabras, incluso con la mejor de las intenciones, me quedaba frito y solo me aprendía un par de escenas.

En los últimos días antes de comenzar a grabar, Bob y Peter nos explicaron que solo habíamos arañado la superficie. El entrenamiento continuaría a diario durante el rodaje. A diferencia de los otros actores, no tendríamos el lujo de descansar.

—Si tenéis un solo momento libre, os pondremos una espada en la mano —nos prometieron.

Y no bromeaban. Estaban en el set todos los días, acechando entre las sombras, esperando cualquier oportunidad para entrenarnos a Mandy o a mí. Habían supuesto, lógicamente, que, si se retrasaba el entrenamiento hasta terminar el rodaje del día, estaríamos demasiado cansados como para dedicarle mucho esfuerzo. Así que, en lugar de eso, se quedaban detrás de las cámaras y esperaban como halcones. Tan pronto como hacía falta cambiar la posición de las cámaras (cosa que abría una ventana de tiempo de diez minutos en el horario), Peter aparecía de la nada, con los estoques en la mano.

—Venga, vamos. No hay tiempo que perder.

Como resultado, Mandy y yo apenas nos sentamos durante toda la producción. Mientras los otros actores se juntaban y, en general, lo pasaban bien, nosotros trabajábamos en nuestra secuencia del duelo todos los santos días. Para mí, fue el equivalente a un posgrado en esgrima profesional de la mano de dos maestros. Nunca lo olvidaré, y estaré eternamente agradecido.

❦ 5 ❧

PELEANDO CON LOS RAG EN
EL PANTANO DE FUEGO

Mi primer día de rodaje de *La princesa prometida* fue también el primer día de rodaje: el 18 de agosto de 1986. Mandy y yo acabamos de entrenar a las cinco de la tarde del día anterior y se nos entregó una hoja de rodaje en el estudio de danza. Recuerdo que ambos recibimos palabras de aliento de Bob y Peter al marcharnos aquella tarde, como garantía de que estarían con nosotros en todos los pasos del camino a lo largo de los próximos meses. De regreso al hotel, miré la hoja de rodaje por encima y vi que una camioneta nos recogería a las 5.45 para ir al estudio. Entonces, miré el calendario de rodaje. Durante las primeras semanas, Robin y yo rodaríamos las escenas del Pantano de Fuego, en el escenario H de Shepperton, el mismo set que había visitado con Rob cuando aún estaba en construcción.

Recuerdo estar sentado más tarde en mi habitación de hotel, repasando mis escenas para el día siguiente, y sentirme solo un poquito nervioso. Aunque esta no era mi primera película rodada en un estudio, era sin duda la mayor producción. Mucho dependía de que sacara adelante el papel. Sí, había estudiado el libro hasta la saciedad, que ahora estaba repleto de anotaciones mías. También había repasado el guion y escrito mis comentarios habituales en él. Sin embargo, empezaba a dudar un poco de mí mismo. Después de todo, ¿no son todos los actores un poco inseguros, como Bill y Rob han enunciado? ¿Estaba sufriendo un típico caso de nervios de último momento? Sin duda, lo admito. Y para ser justos, era perfectamente comprensible dadas las circunstancias. Este era quizá el papel más importante de mi carrera. Si metía la pata, pasaría un buen tiempo antes de que me ofrecieran otro.

Citando al señor Goldman en su libro *Which Lie Did I Tell?*: «Este no es un libro sobre mis neurosis (bueno, tal vez lo sea), pero de todos modos iré al grano». Decidí llamar a Rob al Dorchester. Sabía que charlar con él probablemente me calmaría. Por supuesto, no admití de entrada que estaba nervioso, de ninguna manera. En su lugar, llamé bajo el disfraz de la curiosidad.

—Ey, Cary… ¿Cómo estás?

—Genial. Gracias —dije, tratando de sonar seguro, aunque no creo que se lo creyera—. ¿Qué tal tú?

—Genial. ¿Cómo va la esgrima?

—Bien —contesté—. Peter y Bob son unos maestros increíbles.

—Son muy buenos, ¿verdad? —dijo Rob—. Estamos muy emocionados de ver lo que habéis conseguido.

Continuó diciendo que el plan era que Mandy y yo ensayáramos una versión del duelo para él en el auténtico escenario una vez estuviera listo, para empezar a conocer el terreno. Pero lo cierto es que no me preocupaba; tenía otras cosas en la cabeza.

—Bueno, ¿qué podemos esperar de mañana? —pregunté, yendo directo al grano.

—Empezaremos con una escena bastante simple —respondió Rob, con la voz rebosante de emoción, como un niño pequeño—. Sabes, esa en la que le revelas a Buttercup cómo te convertiste en el pirata Roberts mientras la llevas a través del pantano. Luego, lo único que tienes que hacer es salvar a Robin del fuego.

Mmmmmm. Salvar a Robin de un fuego no sonaba tan sencillo.

—¿Eso implica escenas de riesgo? —pregunté.

—Hay un par de escenas de riesgo —continuó Rob—. Pero me han dicho que es todo muy básico.

—¿De verdad?

—Sí. O sea, como he dicho, en una de ellas hay algo de fuego, pero me han asegurado que no es gran cosa.

—Vale, guay. —Que era precisamente como intentaba sonar.

—Sí, y la única otra cosa es que os vais a hundir en unas arenas movedizas.

Fuego…, arenas movedizas… ¿Era eso lo que Rob entendía por cosas básicas?

—Vale. Suena divertido —respondí y traté de sonar tan alegre como me era posible.

Me tomé un segundo y, finalmente, solté lo que tenía en la cabeza.

—Solo quiero asegurarme de que lo entiendo, ¿sabes?

Rob ya había pasado suficientes veces por esto como para reconocer el tono de un actor preocupado cuando lo oía. Recuerdo que me contestó de manera muy compasiva:

—Cary, no tienes que preocuparte. Eres él. Lo tienes sin ni siquiera saberlo. Está todo dentro de ti.

Entonces, dijo algo más que nunca olvidaré sobre el tono que quería dar a los personajes.

—Lo que realmente debes recordar, y esto es lo que le he dicho a todo el mundo, es que, aunque quiero que lo paséis bien, no quiero que actuéis para hacer reír, ¿sabes a lo que me refiero?

—Sí. Quieres que lo representemos con seriedad.

—Exacto. Porque el texto de Bill es tan brillante que no hace falta añadirle nada. Las palabras por sí solas ya harán reír a la gente. Está todo en las páginas. Así que, como he dicho, no tienes nada de que preocuparte. ¿Vale? Lo harás bien. Confía en mí.

Le di las gracias y le deseé buenas noches antes de colgar. Pese al consuelo honesto de Rob, no pude evitar quedarme despierto hasta tarde, leyendo cuidadosamente las escenas del día siguiente una y otra vez para asegurarme de que no me dejaba nada. Es decir, hasta que al final me quedé dormido de puro agotamiento.

A la mañana siguiente, me desperté temprano y fui directo al estudio, ansioso por llegar a mi primer día de trabajo, puntual y bien preparado. El primer asistente de dirección me llevó al departamento de peluquería y maquillaje, donde me encontré con Lois Burwell, nuestra increíblemente talentosa maquilladora, que había trabajado en un par de mis películas favoritas, *El contrato del dibujante* y *Mona Lisa*, y desde entonces se ha convertido en una de las favoritas del señor Spielberg. Lois no solo me aplicaría el maquillaje, sino también un pequeño bigote falso durante algunas semanas del rodaje. Esto era algo en lo que Rob y yo nos habíamos puesto de acuerdo sobre el aspecto de Westley: un bigote muy fino, que yo le había dicho que le daría un estilo muy a lo Flynn/Fairbanks, si conseguía que me creciera a tiempo. Lo conseguí, pero tuve que afeitármelo, ya que estábamos grabando las escenas del mozo de labranza con Buttercup, fuera de secuencia, que requerían que estuviera completamente afeitado, de ahí la necesidad de uno falso.

Mientras Lois me maquillaba, nuestra peluquera, igual de profesional, Jan Jamison, quien, a propósito, había trabajado con Mandy en *Yentl*, me colocó una pequeña coleta en la parte de atrás de la cabeza; otro *look* que habíamos hablado con Rob para Westley. Este proceso implicaba usar unas gomas diminutas e increíblemente dolorosas que se colocaban cerca del cráneo para que Jan entretejiera en ellas mi pelo. Pero no era culpa suya que me hiciera daño. Jan me aseguró que, debido a las escenas de acción que tendría que hacer, este «*backfall*», como se llamaba, era la única manera de fijarlo a la cabeza.

Después del maquillaje, me dirigí hacia mi camerino en el plató. Allí, colgando de la pared, saludándome al entrar, estaba el traje completo del hombre de negro. Apoyada en una silla junto a este vi por primera vez la espada que utilizaría en la película. Al desenvainarla, relució bajo la luz de la mañana. Había sido diseñada por un espadero profesional, como todas las armas de la película, según los requisitos de Bob y Peter. Practiqué un par de movimientos para hacerme a ella. Estaba bellamente forjada y era muy liviana.

Cuando terminé de vestirme, me miré en el espejo con el traje completo por primera vez. ¡Era hora de traer a la vida al pirata Roberts! Enganché la vaina a mi cinturón y agarré los guantes y la máscara. Antes de que me lo pensara dos veces, alguien llamó a la puerta. Era un asistente de producción, un trabajo que yo mismo había desempeñado en otro tiempo, ahora dispuesto a llevarme a escena. Abrí la puerta y lo dejé entrar.

—¿Estás listo? —preguntó.

—Más que nunca —respondí, y llevé las manos a los costados.

Solo entrar en el set fue una experiencia increíble. Nunca había visto un equipo tan inmenso. Todos los productores estaban allí, junto con los jefes de todos los departamentos. Bill Goldman también se encontraba en los estudios, charlando con uno de los productores, Steve Nicolaides. Todo el plató decía a gritos «gran película de Hollywood». Lo que sentí sería similar a la emoción que tal vez siente un jugador de una liga menor de béisbol cuando lo llaman a la liga mayor y entra a un estadio para cincuenta mil personas por primera vez. Noté una sensación palpable de sobrecogimiento y excitación.

En el teatro, a diferencia del cine, tienes una noción del producto acabado incluso mientras ensayas. Y cuentas la historia entera cada noche. Con las películas, es un proceso completamente distinto. El cine consiste en guiar a actores, artesanos y técnicos (todos artistas) en pos de una meta común: encontrar una aguja en un pajar. Un objetivo que puede parecer dolorosamente escurridizo dependiendo de las circunstancias. Las películas se graban con prisas a lo largo de semanas y meses, con escenas capturadas desde múltiples ángulos y puntos de vista, y en una infinidad de condiciones. Una única escena o secuencia, dependiendo de lo grande que sea, a veces puede llevar varios días de rodaje, y en algunos casos, semanas, como fue el caso del famoso duelo y del Pantano de Fuego. A la desorientación se le suma el hecho de que prácticamente todo se rueda fuera de secuencia (de ahí la necesidad de mi bigote falso). No cabe duda de que hace falta una especie de asombro infantil para llevar a cabo este trabajo, pero los actores también necesitan una buena dosis de paciencia y flexibilidad, pues las cosas no siempre salen como estaban planeadas. Lo único que sé es que adoro trabajar en películas. Y, aparte de estar con mi familia, no hay ningún lugar del mundo en el que preferiría estar que en un plató de cine. Realmente, no hay nada que se le pueda comparar.

De pie frente a mí, mientras los del departamento de sonido la cableaban, estaba Robin, tan radiante como siempre, con el vestido rojo brillante de Buttercup. Tras compartir unos cuantos halagos amables sobre nuestros respectivos trajes, también me cablearon. El departamento de sonido esconde en tu cuerpo un pequeño micrófono, muy parecido a lo que se ve en las películas cuando el FBI o la policía necesitan que alguien «lleve un micro» para cazar al malo inculpándose. El motivo de esto es que el departamento de sonido tiene que registrar hasta el diálogo más leve, que puede ser demasiado bajo o suave para que lo capte el micrófono de caña. Mientras Phyllis y el operador del micrófono intentaban encontrar el mejor lugar para esconder el micro en mi traje, miré a mi alrededor y me fijé en Goldman, de pie a un lado del set…, solo. Como en la mesa italiana, parecía estar incluso más nervioso y emocionado que yo. Más excesivamente ansioso que de costumbre, diría. Recuerdo sus palabras durante la lectura previa, cuando dijo que podía estar así porque esta era su obra favorita. No podía decir si esa era la razón o tal vez se debía a que era el primer día de rodaje. Aunque debería señalar que esta no era su primera vez. Había pasado algún tiempo en los platós de *Marathon Man*, *Dos hombres y un destino*, *Todos los hombres del presidente* y *Un puente lejano*. Sin embargo, pese a que visitaba los platós, nunca se quedaba durante todo el rodaje.

Esto no era algo extraño en Hollywood por aquel entonces, o incluso hoy en día. La norma es que, a menos que haga falta reescribir algo sobre la marcha, al guionista rara vez se lo invita al rodaje salvo, tal vez, por la visita de rigor para conocer a todo el mundo. A menudo, acaba viendo el resto de la producción desde lejos mientras otros alimentan a su bebé. Algunos directores se sienten un poco inseguros teniendo al guionista allí, quizá por miedo a que juzgue sus métodos o su punto de vista. Si hace falta ejecutar cambios, estos directores normalmente prefieren que se envíen las nuevas escenas o frases por correo electrónico o fax. Para algunos, tener al escritor en el plató se considera, en el mejor de los casos, una distracción y, en el peor, una molestia. Algunos prefieren trabajar con ellos a una cierta distancia (a menos que, por supuesto, el director sea el guionista), y permitir que el guion se transforme en algo totalmente distinto. Y para ser justo con esos directores, esto no es necesariamente algo malo. De este modo, se le concede al director la licencia creativa nacida de la inspiración. Recuerdo a un guionista que escribió grandes películas de estudio que una vez me dijo: «Hay tres películas cuando haces una película: la que escribes, la que vosotros (los actores) rodáis y la que edita el director». Para algunos escritores este tipo de rechazo se puede considerar un sacrilegio. Para otros, no importa demasiado. Ninguno de ellos tiene necesariamente razón o se equivoca. Es solo una de esas dinámicas complejas: si el director se siente cómodo teniendo al escritor por ahí o no. Se trata de una cuestión de preferencias.

Rob adoraba a Bill y sentía tal admiración por su talento que lo invitó al set no solo para una visita, sino durante todo el proceso de producción. De hecho, todos sentíamos lo mismo respecto a Bill. Para nosotros, era un gigante, no solo de la industria, sino también dentro de la comunidad artística en general; todos estábamos embelesados. Era por aquel entonces, y aún es, un tipo muy gentil y con un enorme corazón. Tienes que serlo para escribir un cuento de hadas romántico para tus hijas. Así que nunca dudamos de si debía estar allí con nosotros o no. Este era, después de todo, su guion favorito. ¿Por qué no iba a estar invitado? Aunque tuve la clara sensación de que en realidad no quería estar allí.

La primera escena del primer día era esa en la que Westley guía a Buttercup a través del Pantano de Fuego, despedazando lianas mientras le cuenta a su amada y al público cómo se convirtió en el hombre de negro. A propósito, el Pantano de Fuego se describe de la siguiente manera en las acotaciones del guion de Bill:

«No tiene realmente peor aspecto que cualquier otro horror infernal y sulfuroso con el que te puedas topar. Unos árboles gigantescos bloquean el sol».

Y ese es exactamente el aspecto que tenía. Estaba cubierto por completo de enredaderas y lianas y había hongos venenosos y rocas cubiertas de musgo por todas partes.

Mi primera línea de diálogo, que describía lo que pensaba del pantano para hacer que Buttercup se sintiera segura, era: «No está tan mal. Bueno, no me construiría una casita aquí, pero los árboles son preciosos».

WILLIAM GOLDMAN

No me gusta estar en el plató. Si eres guionista, es aburrido. Las palabras ya están listas, están rodando la película, y tu trabajo ha terminado. No me gusta estar por ahí. Nunca quise ser director. No sé cómo hablar con los actores; la mayoría de ellos son medio falsos. Así que no me gusta estar en los platós. Nunca me ha gustado. Quiero decir, me gusta estar ahí para la lectura, porque hay trabajo que hacer y puedes oírlo representado. Pero no me gusta presenciar el rodaje. Así que no estuve mucho. Pero, en general, sigue siendo la mejor experiencia de mi vida.

Recuerdo que no me acababa de salir bien. Rob tenía una idea muy específica sobre cómo debía pronunciarse la palabra «casita» y pensaba que yo no le ponía suficiente énfasis.

—Es *casita*, Cary —dijo Rob.

—Vale, casita.

—No, inténtalo otra vez. *Casita*.

Grabamos otra toma. Y entonces, sucedió algo extraño. Antes de que pudiera siquiera acabar la frase, una mirada peculiar apareció en el rostro de Rob desde detrás del monitor. Se volvió hacia Andy Scheinman, se quitó los cascos y dijo:

—¿Qué es ese ruido raro que oigo?

Andy se quitó los auriculares también y sacudió la cabeza.

—No lo sé, pero yo también lo oigo.

—¡Corten! —gritó Rob.

Se volvió hacia nuestro hombre de sonido, David John.

—¿Dave? ¿Qué es ese ruido raro? —preguntó.

—No lo sé, pero ha parado —respondió David.

Aquí les explico a Rob y Robin que no hay «casitas» en Inglaterra.
Primer día de rodaje en el Pantano de Fuego.

Volvimos a grabar. Y una vez más, justo en medio de la escena, Rob gritó:

—¡Corten!

—¿Qué narices es eso? —volvió a preguntar Rob, y se acercó al carro de sonido.

Nuestro ahora frustrado técnico de sonido rebobinó la cinta y les dejó escucharla otra vez para que intentaran descifrar qué era y, con suerte, de dónde venía.

Se volvió a pasar la cinta, e incluso yo la escuché. Se oía claramente algo que sonaba como una especie de hechizo o cántico de algún tipo. Era apenas audible pero definitivamente estaba en la pista de audio. Los asistentes de dirección se dispersaron y buscaron por el pantano, atentos al sonido. Creo que fue Rob quien finalmente descubrió a Bill de pie detrás de una seta venenosa gigante, meciéndose adelante y atrás, con los dedos cruzados sobre la boca, mascullando entre dientes.

—Bill, ¿qué haces? —preguntó Rob socarronamente.

Avergonzado, Bill tartamudeó mientras se quitaba las manos de la boca.

—Oh, yo, eh… Solo estaba rezando. ¿Por qué?

BILLY CRYSTAL

Rob es increíblemente inteligente y da mucha libertad a los actores para que lo hagan lo mejor posible. También sabe lo que quiere. Dice: «Lo quiero como me gusta». Lo quiere de la manera que lo oye. Así, el diálogo tiene un ritmo, una inflexión y una musicalidad. Y si no alcanzas las notas correctas, lo sabes. Te indica dónde tiene que poner el énfasis y tal. Recuerdo incluso que, en *Algunos hombres buenos*, Tom Cruise se levantaba e iba hasta él y le decía: «Dímelo otra vez. Dilo». Lo escuchaba y decía: «Lo tengo». Y entonces lo hacía a la perfección, porque lo pronunciaba con un tono musical. Si no alcanzas la nota correcta, queda un poco plano. Todo es cuestión de ritmo, y Rob tiene un ritmo excelente. Y adora a sus actores. Es un director muy generoso en ese sentido.

—No puedes hablar en el set, Bill. No mientras estamos rodando. Los micrófonos lo captan todo.

Bill bajó la cabeza.

—¡Ostras! Lo siento —dijo—. Supongo que estaba un poco nervioso.

Rob le pasó un brazo por los hombros y lo atrajo hacia sí.

—No pasa nada, Bill. Solo relájate.

Se volvió hacia nosotros y añadió con calma:

—Vale. Vamos a intentarlo otra vez.

Las siguientes dos tomas se revelaron, pero, al parecer, yo todavía no conseguía darle el tono correcto a «casita». Cuando un director da a un actor un *line reading* (cuando le muestra exactamente cómo debe pronunciar las palabras), a veces puede ser un poco incómodo. Pero Rob es tan encantador y su semblante es tan poco amenazador que es capaz de tranquilizar al actor. También sabe exactamente cómo deben sonar las cosas. En la siguiente toma, por fin me salió bien.

Más tarde le dije:

—Sabes, en Inglaterra no tenemos «casitas», por el clima.

Él rio y dijo:

—Sí, tiene sentido.

Para la siguiente secuencia en el Pantano de Fuego, no había forma de empezar suavemente. Iba a ser un bautismo de fuego.

Aunque las escenas de riesgo y los efectos especiales de *La princesa prometida* eran ciertamente modestos para los estándares actuales (y, de hecho, incluso para los estándares de algunos de los éxitos de taquilla de Hollywood de aquella época, por ejemplo *Star Wars* y la trilogía de Indiana Jones), representaron, sin embargo, mi introducción a las posibilidades tecnológicas en el mundo del cine y los riesgos y retos asociados a las escenas de acción.

Estábamos en el momento de la secuencia del Pantano de Fuego en que el vestido de Buttercup se prende fuego brevemente antes de que Westley extinga la llama. Solo ocupa una línea en las acotaciones y apenas consume unos segundos de película, pero antes de que grabásemos la escena, se llevaron a cabo varios pasos. Primero, hubo que traer al set a un jefe de bomberos que se reunió con el coordinador de escenas de riesgo, Peter Diamond, Nick Allder, nuestro supervisor de efectos especiales, y su equipo. Acto seguido, tuvo lugar lo que ahora se conoce como una «reunión de seguridad» general con el resto del equipo. Cada vez que hay fuego, armas de fuego o una escena de acción peligrosa o parcialmente peligrosa, siempre se celebra una reunión de seguridad de este tipo. Todo el equipo se junta y, por lo general, el primer asistente de dirección explica el tema que se va a tratar. Entonces, presenta a todo el mundo a la persona a cargo de los efectos especiales, las escenas de acción, las armas de fuego, etc., y guía a todos a través de la secuencia, detallando tanto el proceso como los potenciales riesgos.

Y eso es lo que ocurrió aquel día mientras Nick nos ponía al corriente. Nos invitó a todos a caminar por el set mientras señalaba varios lugares en el suelo por donde saldrían llamas periódicamente. Cada punto se marcó con un cono de tráfico naranja brillante.

—Por favor, aseguraros de no pisar ninguna de estas salidas de gas —nos advirtió—. Rodeadlas siempre. Por eso hemos puesto los conos junto a cada una, para que os familiaricéis con los sitios por los que saldrán las llamas. Hay una por allí, y allí otra más. Hay tres de ellas en total y vamos a programarlas para que exploten de una forma concreta. Para que sepáis exactamente cuándo van a salir las llamas, hemos preparado las tuberías de gas de forma que se oiga el aire de antemano, como advertencia. ¿Vale?

Todos asentimos.

—Vale, y la última está justo aquí —dijo mientras señalaba un cono—. Será la que prenda fuego al vestido de Robin.

Miré a Robin. No mostraba la menor señal de preocupación.

—Hemos confeccionado un vestido especial para ella —continuó el hombre—, con una tela ignífuga. —Rob se volvió hacia Robin y añadió—: Robin, estás de acuerdo con esto, ¿verdad?

He rodado suficientes películas en los últimos veinticinco años como para

saber que este siempre es un momento difícil para un actor. Los actores casi siempre quieren aparentar valentía y compromiso, están dispuestos a hacer cualquier cosa por el equipo. Así que, aunque es perfectamente aceptable optar por no grabar una escena de riesgo y dejar que se encarguen los profesionales, hay una cierta presión, sobre todo interna, a ir más allá de la zona de confort. Normalmente, el director hace un seguimiento después de la consulta con el coordinador de escenas de riesgo y el experto en efectos especiales y los actores para asegurarse de que todo el mundo está a gusto con sus respectivos papeles en lo referente a la escena de riesgo. En esta ocasión fue así, ya que Rob nos consultó a Robin y a mí sobre nuestra disposición a hacer la escena de riesgo. Pero le insistió a ella, pues era a ella a la que literalmente le iban a prender fuego.

—Si no quieres hacerlo, no pasa absolutamente nada —le aseguró Rob—. Tenemos dobles. Así que está bien. Podemos adaptarlo.

Robin me miró.

Yo me encogí de hombros: si tú lo haces, yo también.

Entonces, se volvió hacia Rob.

—No, creo que podemos hacerlo.

Rob me miró.

—¿Estáis seguros, chicos?

—Absolutamente —me metí en la conversación—. Yo me encargaré de que esté a salvo. Intentémoslo.

Observamos con atención cómo nuestros dobles ensayaban la escena (Andy Bradford era el mío, Sue Crossland la de Robin), para estudiar en detalle lo que se requería de nosotros. Como Nick nos había advertido, cada pequeña llamarada venía precedida de un fuerte zumbido cuando una ráfaga de oxígeno salía de la tubería de gas; así que siempre sabíamos con precisión cuándo y dónde aparecería la llama. A la hora prevista, observamos cómo se prendía fuego el vestido ignífugo de Sue y Andy lo apagaba. Así que, por lo que entendí, esencialmente iban a prenderle fuego a Robin, y mi trabajo era tomarla, apartarla de la llama viva y apagar el fuego de su vestido y evitar que se quemara.

Sencillo, ¿no?

—Lo único que tienes que hacer es frotar el vestido y la sustancia ignífuga apagará el fuego por sí misma —me indicó Nick—. De todos modos, si parece que hay un problema, apártate de inmediato y Peter y yo la rociaremos con el extintor. Estaremos justo allí, junto a la cámara. Solo es una llama pequeña, así que no debería expandirse.

¿Estaba nervioso por rodar una escena que involucraba que un elemento inestable entrase en contacto con el cuerpo de otra actriz? ¿Tenía que ser fuego? Ya lo creo que sí. Se me ocurrió que, aunque Robin llevara una capa de ropa incombustible bajo el vestido, su cara y sus manos seguían estando expuestas. Por curioso que parezca, los coordinadores de escenas de riesgo y el equipo de efectos especiales le dijeron que si algo salía mal se cubriera de inmediato la cara con las manos, que de todos modos habría sido la reacción instintiva. ¿Hice todo lo que pude por ocultar la ansiedad que me provocaba ser el responsable de apagar el fuego de Robin? Ya lo creo que sí.

Nos colocamos en nuestras posiciones para el rodaje y Rob gritó: «Acción», y conduje a Robin junto al último pozo de fuego. Se oyó el zumbido y luego apareció la llama. Y tengo que decir que era una llamarada bastante grande. Me tomó por sorpresa. Obviamente, el vestido de Robin ardió de inmediato, pero justo cuando la aparté para apagarlo, se oyó un grito desde detrás de la cámara.

Rob dijo que cortaran.

¿Qué ocurría esta vez? Resulta que Bill, aunque sabía exactamente lo que iba a pasar, ya que había escrito esta secuencia en todas las versiones del guion, aparentemente se había olvidado de que la escena de riesgo en concreto se grababa ese día, y por algún motivo salió del plató, se perdió la reunión de seguridad y regresó justo a mitad de la primera toma. Tan pronto como vio a Robin en llamas, como es natural, pensó que había habido algún tipo de accidente. Por consiguiente, gritó algo como: «¡OH, DIOS MÍO! ¡SU VESTIDO ESTÁ ARDIENDO! ¡ESTÁ ARDIENDO!», y arruinó eficazmente otra toma. Después de gritar: «¡Corten!», Rob se volvió con tranquilidad hacia Goldman y dijo:

Nos fríen en el Pantano de Fuego. El pirotécnico casi le provoca un infarto a Bill Goldman durante el primer día de rodaje. Escenario H, estudios Shepperton, 18 de agosto de 1986.

113

—Bill, se supone que tiene que arder, ¿recuerdas?

Por suerte, todo fue sobre ruedas y extinguí el fuego sin mucha dificultad en las tomas posteriores. Recuerdo que la reacción de Robin cuando la llamarada le prendió el vestido fue un diminuto «¡Oh!», en lugar de un grito, cosa que debería indicaros que apenas se inmutó. O lo buena actriz que era. Tan pronto como Rob gritaba «corten» después de cada toma, el equipo de efectos especiales y Peter iban corriendo y la rociaban con un pequeño extintor, para curarse en salud. Y ella tenía que cambiarse el vestido una vez comenzaban a notarse las quemaduras.

Bill se sentía tan avergonzado por haber arruinado potencialmente otra toma que quería comprar un vuelo de regreso a casa enseguida, pero Rob lo convenció para que se quedara más tiempo. De hecho, estuvo presente en el primer día de rodaje de las secuencias del castillo de Florin en Haddon Hall antes de hacer las maletas e irse. La razón por la que lo recuerdo es que llevé una cámara de vídeo al plató aquel día y grabé un rato «entre bastidores», incluido a él. Y entonces, al día siguiente, se marchó. Así sin más. El hombre responsable de crear este mundo maravilloso, esta historia mágica, se marchó. Afortunadamente, regresaría más tarde.

WILLIAM GOLDMAN
Recuerdo volverme hacia Rob y decirle: «¿Le vas a prender fuego a Robin el primer día? ¿Estás loco o qué? ¡Ni que pudiéramos reemplazarla!».

ROB REINER
Estábamos en el Pantano de Fuego rodando la escena donde una llamarada prende fuego al vestido de Robin. Y Bill estaba realmente afectado, y decía: «No puedo creer que en el primer día de rodaje estemos prendiendo fuego a la protagonista».

Prenderle fuego a Robin fue solo la primera de un par de complejas secuencias físicas que se rodarían en el pantano. Antes de que terminara el día, se celebró otra reunión con el equipo de efectos especiales, esta vez para discutir la desaparición de Buttercup en lo que parecen are-nas movedizas, que en libro se nombran como

«arenas de nieve», y el rescate que lleva a cabo Westley a continuación. De nuevo, nos explicaron la secuencia entera, y el equipo de efectos especiales y Peter Diamond hicieron una demostración en una reunión de seguridad. A solo unos centímetros bajo las arenas movedizas había una trampilla hecha de látex y madera de contrachapado sujeta por un miembro del equipo de efectos especiales. Cuando Buttercup pisara el lugar apropiado en el momento justo, la trampilla se abriría y se la tragarían las arenas movedizas. Poco después de su desaparición, yo tenía que saltar detrás de ella, usando la misma técnica. Debajo de la trampilla había un agujero lleno de colchones de gomaespuma para asegurarse de que la persona que caía aterrizaba a salvo. Peter y el equipo de escenas de acción nos aseguraron que estarían allí abajo para agarrarnos y asegurarse de que no estábamos heridos. Una ilusión maravillosa y muy efectiva.

Nuestros dobles, Andy y Sue, nos guiaron por el escenario a salvo y sin esfuerzo. Al igual que con la escena del fuego, ellos harían una toma y, entonces, sería nuestro turno. Con toda sinceridad, esta parecía fácil, al menos comparada con la escena anterior. Pero después de verlo, había algo en ella que parecía un poco extraño. Mis instrucciones iniciales eran simplemente seguir a Robin, agarrarme la nariz con una mano para evitar que me entrara arena y saltar con los pies por delante. Pero cuando vimos la escena, parecía un poco floja. Había algo poco heroico en saltar a las arenas movedizas con los pies por delante. Sobre todo, mientras me sujetaba la nariz.

—No sé, chicos —dije—. No es que parezca muy intrépido, ¿no? ¿Y si me tirara de cabeza?

Rob estuvo de acuerdo, pero tanto él como el equipo de escenas de riesgo eran reacios a dejar que yo, o cualquiera, de hecho, se tirara de cabeza al agujero. Era demasiado peligroso. ¿Y si me hacía daño? No había sido diseñado ni probado para ese fin, razonaron de manera bastante acertada. Traté de defender mi caso. ¿Qué tipo de héroe de cuento de hadas vería a su amor caer en un pozo de arenas movedizas y se tomaría su tiempo para dejar su espada y vaina en el suelo y se metería como si nada en el agujero para salvarla?

Nadie discutió la idea, pero había legítimas preocupaciones con respecto a la seguridad y a la cobertura del seguro que debían tenerse en consideración. El miedo, naturalmente, se debía a que lanzarse de cabeza inoportunamente en el pozo de arenas movedizas podía resultar en una herida grave (como un cuello roto, una lesión de columna o un cráneo fracturado) y, con ello, el final de la película. Había mucho en juego. Pero, por otro lado, ese suele ser el caso con cualquier trabajo con escenas de riesgo o con efectos especiales.

Dado que era un relativo novato en el plató, no me resultó fácil expresar mi opinión sobre algo que no solo era una cuestión de seguridad, sino que también era una licencia artística. Pero instintivamente sabía que meterme con los pies por delante en las arenas movedizas no funcionaría, pues no era lo bastante grácil para capturar el espíritu o la historia del personaje. No creo que Westley fuera el tipo de persona demasiado tímida como para lanzarse de cabeza a las arenas movedizas y salvar a su amor verdadero. No parecía fiel a su esencia. Quería que fuera consistente con la visión de Goldman: valiente a la par que elegante, romántico e intrépido. Mi teoría era que, si no tenía miedo de estrangular a un gigante, pelear con ratas descomunales y vencer a Íñigo Montoya en un duelo, entonces no debía tener miedo a tirarse de cabeza a las arenas movedizas.

—Aquí pondremos música emocionante, ¿verdad? —pregunté a Rob.

—Sí, claro.

—Entonces, que la escena de Westley también sea emocionante.

Después de rascarse mucho la barba, Rob finalmente cedió.

—Vale, pero lo hará tu doble, no tú. —Fue su única condición.

Esto fue algo muy importante para mí: fue el primer momento en que me sentí como un verdadero colaborador en el proceso, y no solo como un empleado. Me había ganado la confianza y el respeto de un director al que admiraba enormemente.

Me llevé a Andy Bradford aparte.

—¿Crees que puedes hacerlo?

—Por supuesto —dijo sin dudar—. No hay problema. —Andy no era en absoluto alguien que mostrara miedo.

Peter Diamond le explicó la secuencia a Andy y cómo hacerla de manera segura. Se quedaron de pie junto al agujero, representando con gestos la zambullida, discutiendo cuál era el mejor momento, y entonces, las cámaras empezaron a rodar y la primera en desaparecer fue Robin. Entonces, Andy (¡Dios lo bendiga!), después de coger un trozo de liana que había cortado, se zambulló tras ella. Nunca había practicado la escena y lo hizo a la perfección. La trampilla se abrió, cayó suavemente a través de la arena y el resultado fue superheroico.

Cuando regresó a la superficie con Robin a la espalda, y usando la liana de soporte, se produjo un gran aplauso por parte de todos nosotros. Todos estaban convencidos de los méritos de zambullirse de cabeza en lugar de entrar con los pies primero en las arenas movedizas.

—¡Eso ha estado genial, Andy! Cary, ¿crees que puedes hacerlo? —preguntó Rob, emocionado.

—Creo que sí —respondí.

Entonces, se volvió hacia Andy.

—¿Puedes enseñarle? ¡Ha sido fantástico!

Andy escupió algunos granos de arena y sonrió.

—Sí, claro.

A diferencia de Andy, los chicos de efectos especiales accedieron a regañadientes. Era normal que estuvieran nerviosos por que la trampilla no se abriera en el momento preciso. Porque si era así, me advirtieron, entonces me estamparía con el cráneo contra la madera de conglomerado, con todo el peso de mi cuerpo.

—Solo para que lo sepas, jefe —le dijeron a Rob—, nosotros no nos hacemos responsables. La trampilla no estaba diseñada para este propósito, así que no podemos asegurar que funcione una segunda vez.

Finalmente, tras una ronda de prueba con Andy, que me mostró exactamente cómo se hacía, llegó mi turno.

El primer asistente de dirección gritó: «Rodando», la cámara comenzó a grabar y Rob gritó: «¡Acción!».

Miré a Robin desaparecer en las arenas movedizas, corté un trozo de liana, clavé la espada en el suelo, respiré profundamente y me tiré de cabeza en el agujero detrás de ella, exactamente igual que había hecho Andy unos minutos antes. Por suerte, me deslicé limpiamente hasta la pila de gomaespuma y me agarraron unos muy aliviados Peter Diamond y Andy Bradford. Y apenas me hice un moretón o rasguño.

Tras diez días de rodaje, estábamos todos casi listos para dejar el Pantano de Fuego, pero aún quedaba una escena más que rodar. En el penúltimo día, nos presentaron a las pequeñas personas que representarían a los Roedores de Aspecto Gigantesco. En el guion hay una extensa y emocionante escena de lucha entre Westley y un RAG en el Pantano de Fuego. Al contrario que los milagros de las imágenes generadas por ordenador prevalentes en las películas de hoy en día, solo teníamos presupuesto para personas pequeñas disfrazadas con trajes de rata. Una de ellas, Danny Blackner, era del norte de Inglaterra, tenía muchos tatuajes y pendientes en las orejas antes de que se pusiera de moda, y parecía un tío salido de la escena *punk-rock* de finales de los setenta. Me dijeron que, además de ser actor, era también un doble de escenas de riesgo veterano, y había empleado sus habilidades y su diminuta esta-

ANDY SCHEINMAN

Salió mucho mejor de lo que creíamos. Pero teníamos miedo de que Cary muriera. No queríamos que se zambullera de cabeza en el pozo de arenas movedizas. Y aunque arreglamos todo aquello con relleno, había cemento debajo. Si se hundía y se hacía daño en el cuello o algo, habría sido un desastre. Pero lo hizo en la primera toma, y en la película queda fabuloso. Definitivamente, ayudó a la película. Es mucho más propio de Errol Flynn y de un héroe zambullirse que no hacerlo.

tura para trabajar en películas como *Dentro del laberinto* y *El retorno del Jedi*, donde interpretaba a un ewok. Era un tío muy animado y alegre al que claramente le gustaba su trabajo.

Había tres actores haciendo de RAG en total, pero a Danny se le adjudicó el trabajo más pesado, pues sería con el que pelearía cuerpo a cuerpo durante los próximos dos días. No era una tarea fácil para esos tipos ataviados con los trajes de rata. Primero, los metían en más de veinte kilos de látex, goma y pelo falso, casi la mitad de su peso corporal. Segundo, tenían que usar las manos para controlar las patas delanteras de la rata y las piernas para patear, de algún modo, con las traseras y maniobrar. Y tercero, su visión estaría tremendamente limitada.

—Esto va a ser un poco raro —explicó Peter Diamond—. Cuando pelees con ellos, usarás esta espada retráctil —dijo mientras me la tendía—, y Danny va a fingir que te muerde. Pero no te preocupes, los dientes son de goma. Es todo falso. Ahora, el desafío es que Danny no va a poder ver gran cosa por culpa del traje, así que vas a tener que hacer que se mueva mientras peleas con él. Él no tendrá mucha idea de lo que está pasando.

—¿De verdad?

—Sí —respondió Peter.

Miré a Danny, al que aún estaban cosiendo dentro de su traje de rata. Me mostró una enorme sonrisa y levantó los pulgares.

—Solo recuerda: esos trajes no son demasiado cómodos; hace mucho calor ahí dentro. No queremos que esto dure demasiado, así que intenta acabar lo antes posible, ¿de acuerdo?

—Claro, no hay problema.

Como se estaba haciendo tarde, se decidió que solo practicaríamos la secuencia en preparación para el rodaje de la mañana siguiente. Así que practicamos la pelea y el mordisco en el hombro una y otra vez. Cada pocos minutos, comprobábamos que los que estaban dentro de los disfraces de RAG no se asaban. Solo llevaban camisetas y calzoncillos, pero, aun así, estaban empapados en sudor cada vez que nos tomábamos un descanso y se quitaban las cabezas de rata gigante.

—¿Estás bien ahí dentro? —le pregunté a Danny después de un ensayo.

—Sí, todo bien, jefe. —Era el estribillo amortiguado habitual.

Tenía que ser sofocante para esos hombres estar dentro de los trajes. Unas luces gigantes iluminaban el estudio y no había

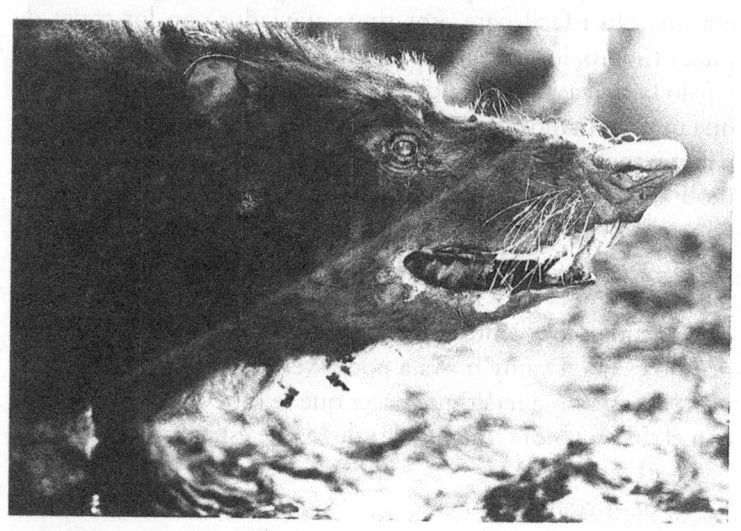

aire acondicionado, por lo que recuerdo. Yo ya había sudado tanto como para empapar la camisa negra holgada de Westley, solo por actuar bajo las luces brillantes, así que no puedo ni imaginarme lo insoportable que debió de ser estar dentro de la piel de un RAG de veinte kilos hecho de látex y pelo. Pero los hombres no se quejaron. Aunque no os voy a mentir: mientras rodaba por el suelo del pantano, mirando a la cara de goma de una rata gigante, pensé: «Dios, espero que todo esto quede bien». Quiero decir, los RAG no parecían criaturas muy temibles, para empezar. De cerca, parecían lo que eran: gente pequeña dentro de disfraces de rata.

Solo podía esperar que a nadie le importara, que, de algún modo, los efectos especiales parecieran encantadores en lugar de cutres (que, por suerte, es exactamente lo que sucedió).

Al día siguiente, nuestro último día en el pantano, llegué al set y me encontré con lo que parecía ser un gran escándalo en

Rob explica las ventajas que tiene luchar contra un RAG de goma. Un Peter Diamond algo escéptico (el primero por la derecha) nos mira al lado de Ken Baker, el primer asistente de dirección (segundo por la derecha), y mi doble de acción, Andy Bradford (al fondo). Escenario H.

pleno desarrollo. Rob y Andy estaban reunidos con los asistentes de dirección y David Barron, nuestro director de producción. Me acerqué para preguntar a qué se debía tanto alboroto.

—Hemos perdido a uno de los RAG —dijo Rob.

—¿Cómo? ¿Qué ha pasado? —pregunté, temiéndome lo peor; tal vez había habido un accidente o algo así.

—Es el tipo con el que tenías que pelear hoy, Danny. No lo encontramos.

—¿Y eso qué quiere decir?

—Bueno, no podemos terminar la secuencia sin él.

—¿No puede ocupar su lugar uno de los otros?

—No —intervino Andy—, él es el único especialista de escenas de riesgo. Es el único que está cualificado para pelear contigo. Es un tema sindical.

David Barron echó un vistazo al reloj.

—Si no aparece en los próximos diez minutos —le dijo a Rob—, puede que tengamos que hacer una pausa para almorzar y tratar de completar esto más tarde.

—Pero hoy es nuestro último día en este set. ¿Qué pasa si no aparece? —preguntó Rob.

—Bueno, entonces sugiero que busquemos una alternativa —respondió David.

Después de discutirlo un poco más con Rob, Andy y los otros asistentes de dirección, finalmente se decidió que pelearía con una rata de peluche: la misma que Peter Diamond me lanzó desde la cámara frontal después de mi frase «¿Los Roedores de Aspecto Gigantesco? No creo que existan». Creedme cuando os digo que pelear con una «rata de goma» parecía más estúpido que pelear con una persona pequeña dentro de un traje de rata. Ni siquiera Robin podía contener la risa durante algunas de las tomas.

Después de rodar lo que parecía una cantidad interminable de cinta de esta tontería (que nadie se tragaba, ni siquiera Rob, pese a todo su *feedback* positivo), nos avisaron de que Danny había llegado por fin al plató. Todos dejamos lo que estábamos haciendo para asegurarnos de que se encontraba

ROB REINER

Era un gran reto. No teníamos un presupuesto muy grande, solo dieciséis millones de dólares. Así que era un desafío conseguir hacerlo todo. Pero el mayor reto fue dar con el equilibrio adecuado en el tono. Ser respetuoso con el género, pero al mismo tiempo satirizarlo con delicadeza, que es lo que hicimos. Fue complicado recorrer esa fina línea. Pero teníamos a la gente adecuada para hacerlo.

ANDY SCHEINMAN

Para ser sincero, estaba un poco preocupado de que los Roedores de Aspecto Gigantesco parecieran un poco cutres o raros. Pero no importaba, porque todo recaía en el espíritu de la película. No veo a Rob como un tío supertecnológico. Es más humano. Y con eso quiero decir que le interesa más la parte humana del cine, ¿sabes? Si hubiéramos tenido CGI por aquel entonces, es posible que la historia hubiera quedado saturada por todo aquello.

bien. No había duda de que se lo veía un poco desaliñado. Ahora bien, teniendo en cuenta el costoso retraso, algunos directores lo habrían mandado a hacer las maletas, o al menos le habrían echado una buena bronca, pero Rob no. Compasivo hasta la médula, en lugar de eso, buscó una respuesta lógica.

—¿Cómo estás? ¿Te encuentras bien? —le preguntó Rob con sinceridad.

—Ahora sí —respondió.

—¿Qué diantres te ha pasado? Estábamos todos muy preocupados.

Esto dio pie a que Danny se embarcase en una extraordinaria narración que detuvo la producción durante los siguientes minutos.

—Bueno, jefe, la cosa ha ido así, sabes. He tenido una noche un poco chunga…, muy chunga, la verdad.

Rob asintió con compasión y se inclinó hacia delante. Formaban una pareja curiosa: Danny, de metro veinte, y Rob, de más de metro ochenta, con sus hombros anchos y su barba espesa.

Danny dejó caer la cabeza, avergonzado, y continuó.

—Pues salí al *pub* anoche con mis colegas, ¿vale? Y nos tomamos unas cuantas, como siempre. Y bueno, cuando llegó la hora de irse a casa, me metí en mi coche especial, sabes...

—¿Un coche especial? —interrumpió Rob.

—Ya sabes..., un coche hecho especialmente para mí. Verás, en un coche normal no me llegan los pies al suelo. No puedo usar los pedales. Así que tengo un coche adaptado para mí, para poder conducir con las manos.

Para entonces, todo el equipo se había reunido a nuestro alrededor, pendientes de cada palabra.

—Bueno, como sea, tuve la mala suerte de que me parase la poli.

Rob, por supuesto, preguntó:

—¿Por qué motivo?

—¡Por exceso de velocidad! Por supuesto que no estaba corriendo demasiado porque mi coche no da para tanto.

Rob sacudió la cabeza preocupado, pero algunos miembros del equipo no pudieron evitar soltar algunas risitas.

—Pero ese madero tenía otra idea. Así que me para, golpea la ventanilla y me dice que salga del coche. Así que me bajo de un salto de la pila de libros (porque uso una pila de libros para llegar a la altura adecuada). Salgo del coche de un salto y me tambaleo un poco, no te voy a mentir. El policía me dice: «Carnet y documentación». Se lo doy y añado: «¿Se da cuenta de lo que estaba haciendo?». Y yo le digo: «No, ¿qué estaba haciendo?». Y me responde: «Estaba excediendo el límite de velocidad». Entonces, me pregunta que qué le pasa a mi coche, y quiere saber quién soy y todo eso, ¿vale? Justo cuando se lo empiezo a contar, me corta y dice: «¡Espera! Échame el aliento». Así que lo hago y añade: «Has estado bebiendo, ¿no es verdad?». Y yo digo: «Sí, me he tomado un par de copas». Y responde: «¡Muy bien, pues a la furgoneta que vas!».

Para entonces la mayoría del equipo estaba haciendo un esfuerzo por no reírse de la desgracia de este pobre hombre.

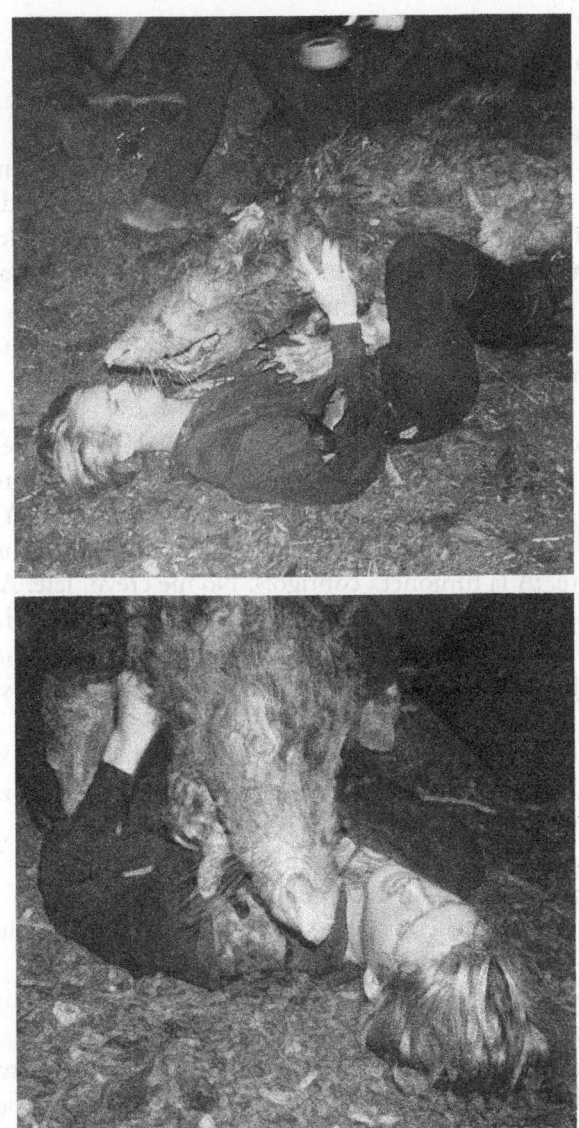

Disfrazado como un RAG, el doble de acción y actor, Danny Blackner, me muerde el hombro con dientes de goma durante un ensayo.

Pero Rob se mantenía tranquilo y compuesto. Creo que quería escuchar el final de la historia.

—¿Qué ocurrió entonces? —preguntó Rob, sinceramente intrigado.

—Pues intenté decirle que estaba cometiendo un gran error —continuó Danny, animándose más a medida que avanzaba la historia—. Le digo: «¡No lo entiende! ¡No puedo ir a comisaría! Tengo un día importante en el trabajo». Y el poli dijo: «¿Trabajo?». Simplemente así, «¿Trabajo?», como si no creyera que pudiese ganarme un sueldo decente o algo. «¿Cómo te ganas la vida?». Así que le respondo: «¡Soy actor!, ¿vale?» Y el tío se ríe y dice: «¡Sí, claro, y yo soy el papa!». Y yo le digo: «¡No, es verdad, agente! Soy actor y doble de escenas de riesgo y tengo que estar en el plató en unas horas». Entonces, el poli me pregunta: «Vale, ¿qué papel interpretas?». Y yo le digo: «Estoy haciendo de rata». Y me dice: «Venga, ya he oído bastante. ¡A la furgoneta contigo!». No me creyó, jefe. Así que me he pasado unas cuantas horas en el calabozo. Al final, pude llamar a alguien de producción para que viniera a sacarme.

Lejos de estar enfadado, Rob le pasó el brazo por los hombros a Danny.

—Guau. Siento mucho todo esto. No habríamos sabido qué hacer sin ti. Me alegro de que hayas conseguido salir. Cary ya se estaba cansando de pelear con un muñeco.

El pobre hombre parecía aliviado.

—¡Gracias, jefe! Ha sido un calvario, la verdad.

—Pero ahora estás bien, ¿no es cierto? ¿O necesitas un rato? —preguntó Rob.

—No, jefe. Me he pasado la noche encerrado. Estoy listo para la acción.

Y con eso, hubo una ronda de aplausos y un vitoreo por parte del equipo. En pocos minutos, Danny se había transformado en un Roedor de Aspecto Gigantesco y nos ayudó a todos a encontrar la salida del Pantano de Fuego de una vez por todas.

∽ 6 ∽

ASALTAR EL CASTILLO Y ESTAR MUERTO EN SU MAYORÍA

BAKEWELL, DERBYSHIRE

Después de tener el fin de semana libre para recuperarnos de nuestro largo rodaje en el Pantano de Fuego, todo el equipo hizo las maletas y viajó hasta la próxima localización: el famoso Distrito de los Picos de Derbyshire, al que llegamos el 1 de septiembre. Una buena parte de la película iba a rodarse en esta área, en particular en Haddon Hall, una antigua mansión ubicada en el río Wye, en Bakewell. Puedo atestiguar que es casi imposible visitar Haddon Hall y no sentirse sobrecogido.

En América, a veces es fácil perder de vista el hecho de que el mundo es un lugar antiguo. Los Estados Unidos tienen, después de todo, solo unos cientos de años de historia, un verdadero parpadeo en el reloj de la civilización occidental. Pero en algunas partes de Europa, no hay manera de confundir la historia; es palpable y sobrecogedora. Haddon Hall tiene un pasado muy rico. El lugar no puede medirse en años, ni siquiera en décadas, sino en siglos. Se siente la presencia de los fantasmas de tiempos medievales; prácticamente susurran desde las paredes.

Algunas partes datan de finales del siglo XI, cuando la propiedad pertenecía a un noble de nombre William Peverel el Anciano, presuntamente el hijo ilegítimo de Guillermo el Conquistador, el gran rey normando. Tiene también un ma-

127

ravilloso pasado romántico, lo que la convertía en el escenario perfecto para nuestro cuento. A finales del siglo XVI, la propiedad pertenecía al infame rey Enrique VIII. *Sir* George Vernon, conocido como el rey del Distrito de los Picos, tenía una hija llamada Dorothy, que se enamoró de un joven del lugar llamado John Manners. Pero *sir* George no aprobaba la unión entre su hija y el hombre, que era un noble (a diferencia de nuestros Buttercup y Westley), y trató de mantenerlos separados. Según la leyenda, el amante de Dorothy se reunía con ella en los bosques cercanos para mantener encuentros amorosos secretos disfrazado de guardabosques con el fin de no llamar la atención. Una noche, en 1563, Manners raptó a Dorothy y se la llevó a caballo para vivir felices para siempre, de manera muy similar al final de nuestra película.

¡El amor verdadero siempre gana!

Cuatro años más tarde, Haddon Hall pasó a manos de la familia Manners, y así ha sido desde entonces. El castillo siguió intacto durante cientos de años, hasta que fue abandonado a principios del 1700 y casi acabó en ruinas. En los años veinte, fue cuidadosamente restaurado por el duque y la duquesa de Rutland. Cuatro años después, Hollywood llamó, y una película sobre la célebre historia de amor de Dorothy, titulada *Dorothy Vernon of Haddon Hall*, protagonizada por Mary Pickford, fue la primera película rodada allí. Pasarían más de sesenta años antes de que la mansión apareciera en otra película, y esta vez era una con la que estoy íntimamente familiarizado: *Lady Jane*. De hecho, si no hubiera participado en aquel filme, no sé si habría aparecido jamás en el radar de Rob mientras hacía el *casting*. Así que pensé que mi destino estaba ligado a ese lugar, o que quizá se tratara de una serendipia.

Huelga decir que estaba entusiasmado de volver a estar en la hacienda, que sería también el castillo del príncipe Humperdinck en Florin. Lo conocía bien y me sentía casi como en casa. Y estoy contento de formar parte de un grupo de cineastas que ayudaron a advertir al mundo de su exquisita arquitectura y de la imponente belleza del campo que lo rodea. En los últimos veinticinco años, docenas de películas y series de televisión han usado la propiedad como escenario de época, incluidas *Jane Eyre* (¡tres versiones diferentes!), *Orgullo y prejuicio* y *Elizabeth*. Pero tal vez ninguna película ha hecho tanto para amplificar el reconocimiento de la mansión y la industria del turismo del Distrito de los Picos como *La princesa prometida*.

La misma dulce familia, los Manners, que vivía en Haddon Hall cuando rodé en aquel lugar solo un año antes, seguía viviendo allí cuando regresé, en una de las alas de la mansión, mientras el resto de la casa permanecía abierta al público. Recuerdo su recibimiento la mañana que llegamos de Londres. Eran muy amables y simpáticos, y me recordaban de *Lady Jane,* cosa que me resultó muy agradable. Entrar en la propiedad era como volver atrás en el tiempo, no solo a la última vez que había estado allí, sino varios siglos.

Una cosa es rodar una película en un estudio, donde tienes fácil acceso a la mayoría de la tecnología actual, sin tener que preocuparte del clima ni de otros problemas que pueden causar estragos en la continuidad y el calendario. Pero trabajar en escenarios naturales puede ser una experiencia completamente maravillosa que alimenta la creatividad y el espíritu del equipo de maneras que, inevitablemente, se reflejan en la pantalla. No sugiero con esto que un escenario hermoso puede compensar los problemas inherentes a un guion débil, un reparto desafortunado o una dirección insegura. Pero *La princesa prometida* carecía deliciosamente de esas debilidades. Teníamos a los actores adecuados, al equipo adecuado, el guion adecuado y una mano firme al timón gracias a Rob.

Además, en Haddon Hall disponíamos de un escenario que encajaba perfectamente con nuestro proyecto. Aún veo las miradas en los rostros de nuestro director artístico, Richard Holland, y nuestra escenógrafa, Maggie Gray, la primera vez que los vi en el salón de banquetes del siglo xiv que habían transformado milagrosamente en el despacho de Humperdinck. Tenían el aire y la expresión de un niño en una tienda de caramelos. Con su gran arquitectura estilo Tudor y abundantes accesorios medievales, el lugar era casi como un escenario de película en sí mismo. Era lo bastante épico e íntimo al mismo tiempo. Hizo falta muy poco para que tuviera el aspecto exacto que uno imaginaba al leer el guion. Eso no impidió que Richard, Maggie y su equipo añadieran diseños increíbles a todas las habitaciones que íbamos a utilizar, para darles ese estilo maravilloso de cuento de hadas medieval.

—Es muy chulo, ¿no? —dijo Rob mientras paseábamos por los decorados.

—¡Asombroso! Sencillamente asombroso.

Sabía, por la manera en que se comportaba, que se moría de ganas de comenzar. Estaba sinceramente emocionado. Como todos. También recuerdo, durante nuestro primer día allí, que me fijé en un tipo de aspecto fornido, con unas pa-

Sintiendo el fuerte aire de André junto a Mandy.
Haddon Hall, Derbyshire, 1 de septiembre.

130

CHRISTOPHER GUEST

Solo puedo hablar por mí, obviamente. He pasado mucho tiempo en Inglaterra y me gusta estar allí. Así que era un buen lugar donde comenzar. Pero, ¿acaso no les encanta a los actores encontrarse en una situación donde pueden disfrazarse? Eso es lo que les gusta. Disfrazarse de gente otras épocas y pelear con espadas, ¿sabes? Es casi como ir a un campamento de cine donde solo tienes que divertirte. Fue una de esas situaciones mágicas. Y aunque no conocía a los otros actores excepto a Billy, nos convertimos en un grupo muy unido de actores que estaban a punto de vivir una de las mejores experiencias que se pueden tener.

tillas rojas enormes que se fundían con la barba en su mandíbula y con el pelo cortado como un casco, vestido con ropa formal, que nos seguía a todas partes. Resulta que era el jefe de bomberos del lugar, o *fire warden,* como se los conoce en el Reino Unido, a quien habían contratado los dueños de la propiedad para supervisar el rodaje. Producción les había informado de que habría escenas con fuego y posiblemente antorchas de llama abierta en las paredes, y como es lógico, querían proteger su tan preciosa propiedad de cualquier daño potencial. Recuerdo que este hombre tenía un aspecto que me resultaba familiar, pero no conseguía situarlo. Fue Rob quien finalmente hizo la conexión.

—¡Es clavadito a Captain Kangaroo! —dijo.

Y tenía razón. Tanto, que Sarandon y Guest tarareaban o silbaban la canción de la serie cada vez que pasaban junto a él en el set. El pobre tipo no tenía ni idea de qué estaban haciendo, ya que el fenómeno de *Captain Kangaroo* nunca llegó a la televisión británica.

Las siguientes dos semanas de rodaje en Haddon se centraron en todas las escenas situadas en los exteriores del castillo Florin. La primera de la lista es una que sucede relativamente tarde en la película, en la que Íñigo, Fezzik, y mi personaje se preparan para «asaltar el castillo» con el fin de rescatar a Buttercup. En ese momento, Westley todavía está inconsciente (descrito por Goldman como «muerto en su mayoría»). Sus nuevos aliados lo alzan hasta un muro que rodea el castillo para valorar las enormes adversidades a las que se enfrentarán antes del asalto. Para esta escena, Norman Garwood y su equipo diseñaron y construyeron un parapeto falso en las afueras de la propiedad para que tuviéramos una visión clara de la mansión, ahora decorada con torres falsas y luciendo enormes banderas en forma de galones a fin de que pareciera la fortaleza de Humperdinck, en la distancia.

Recuerdo hablar con Rob sobre lo de estar «muerto en su mayoría» y cómo representar exactamente ese estado de semiconsciencia. Sabía cómo interpretar la mayoría de cosas, pero estar «muerto en su mayoría» era algo nuevo para mí. Discutimos qué aspecto debía tener la vuelta a la vida, que solo limitaba el uso de mi cuerpo. La única descripción que tenía para hacerlo era la frase del Milagroso Max en el libro, cuando le dice a Íñigo: «Sin duda alguna, [funcionarán] la lengua, ciertamente el cerebro, y con suerte, quizá logre andar un poco si lo empujas con suavidad en la dirección adecuada».

Sabía que debía ser una escena divertida, tal vez incluso un poco absurda. Pero también era consciente de que tenía el potencial de convertirse en ridícula si se actuaba de manera poco sutil. Rob y yo discutimos los matices con mucho detalle y le dije que podría ser interesante, y un tanto divertido, ver a Westley no tener control completo sobre los músculos del cuello después de resucitar; de ese modo, mi cabeza podía dejarse caer hacia cualquier lado en momentos específicos para crear un efecto cómico.

—Y también —añadí—, ya que Fezzik está tan emocionado con que Westley recupere sus capacidades motrices, tal vez podríamos hacer que me agarrara la cabeza y me usara como una marioneta.

—Me gusta —dijo Rob—. Vamos a probarlo.

Cuando André entró en escena ese día, fue también la primera vez que lo vi vestido de Fezzik. De algún modo, parecía todavía más grande, si es que eso era posible. El uniforme de Fezzik, por así decirlo, consistía en un enorme y grueso saco de arpillera, sujeto a la cintura, junto con unos enormes pantalones holgados de rayas y unas botas de cuero inmensas. Como el pelo empezaba a clarearle, el departamento de peluquería le proporcionó un postizo que le daba un aspecto más joven y robusto. Pero ese día hacía un calor extremo, inusual para esa parte de Inglaterra en septiembre, y para cuando llegó al set, André estaba visiblemente incómodo. Experimentaba el calor con mucha más intensidad que una persona normal. No obstante, no le ocurría lo mismo con el frío. A medida que el otoño avanzaba y las temperaturas caían, habitualmente hacia los cuatro grados, cuando la mayoría de nosotros andábamos por ahí tiritando entre tomas, envolviéndonos con mantas y sudaderas para mantenernos calientes, André, incluso en los días más helados, iba en manga corta o sin camiseta, con solo una toalla alrededor de los hombros (que parecía una toalla para la cara, dada su magnitud). André estaba mucho más cómodo con el frío. Era el calor lo que le daba problemas. Aun así, perseveraba admirablemente. Uno de los maquilladores tenía que secarle de vez en cuando el sudor de la frente justo antes de que las cámaras comenzaran a rodar, pero aparte de eso, siempre estaba preparado, con esa brillante sonrisa que lo caracterizaba.

Solo había pasado cosa de un mes y medio desde que lo había visto por última vez, pero ya me había olvidado de su impresionante físico. André producía ese efecto. Cada vez que lo veías, era como conocerlo por primera vez, en el sentido de que uno nunca se acostumbraba realmente a su extraordinario tamaño. La memoria no le hacía justicia. Tenía que estar de pie frente a ti, bloqueándote el sol o cubriéndote la mano con la suya, como un adulto tomaría la mano de un bebé, antes de que pudieras hacerte una idea de lo que significaba estar en la presencia de este impresionante ser humano. Goldman decía que era como el Pentágono: «No importa cómo de grande te hayan dicho que es, cuando te acercas, lo es todavía más». Cada día, cuando entraba en el plató, era como si volvieran a presentarte una de las siete maravillas del mundo.

No puedo enfatizar lo suficiente cuán increíblemente dulce y maravilloso era André. Era un hombre que había tomado las cartas que le había repartido la vida y, en lugar de regodearse en la autocompasión, había sacado el máximo provecho de cada situación. Me dijo que sufría una forma de gigantismo llamada acromegalia, que más tarde descubrí que era resultado de una producción excesiva de hormonas del crecimiento en la glándula pituitaria anterior, que, en términos profanos, esencialmente significaba que desde el momento en que alcanzó la pubertad, su cuerpo crecía a un ritmo dos o tres veces mayor de lo normal.

El tener que cargar con sus 255 kilos, combinado con la acromegalia y décadas de excesivo maltrato físico en el *ring*, lo habían dejado en un estado de dolor agudo a mediados de los ochenta, especialmente en la espalda y en el cuello. Y pese a esto, André nunca se quejaba. Su actitud en la vida era implacable-

ANDY SCHEINMAN

André era un hombre muy dulce y amable, pero a veces asustaba a la gente. Robin Wright perdió totalmente los papeles la primera vez que lo vio. Salió corriendo de su camerino, aterrorizada. La verdad es que fue bastante gracioso. No sabía quién era ni qué estaba pasando. Solo vio a un hombre gigantesco y salió corriendo aterrada. Me sentí fatal por André, pero a él no pareció importarle. Con respecto a los niños, decía: «La mitad salen corriendo cuando me ven, la otra mitad se me sientan en el regazo». Incluso los perros más grandes y malos le tenían miedo. Tal vez pensaban que era un oso o algo así. Pero eso era simplemente parte de su vida y de su día a día, que la gente y los animales (todos) reaccionaran de maneras diferentes al encontrarse con él.

mente optimista y su habilidad de hacer sentir cómodos a los demás era digna de asombro.

La mayoría de actores que han experimenta-

do algún grado de fama conocen la incomodidad ocasional que viene con ser reconocido en público. Al menos, si no quieres que te reconozcan, puedes llevar gafas de sol o un sombrero.

Pero no había escondite para André. Cuando eres tan grande, no hay disfraz posible; no existe forma de encogerte en el fondo. Aunque no hubiera sido el luchador profesional más famoso de la historia, habría seguido atrayendo una horda de mirones allá donde fuera. Pero nunca pareció molestarle. Fuera innata o adquirida, tenía una impresionante habilidad para no agobiarse por la atención que recibía, sonreía y estrechaba manos, incluso posaba para fotos y firmaba autógrafos. Era un manual andante de cómo ser una estrella cortés y agradecida. Creo que puede decirse con certeza que era, con facilidad, la persona más popular de la película. Todo el mundo lo adoraba.

El único tema en el que no conseguías que André cediera era en si la lucha libre era falsa o si estaba preparada de alguna manera. No sé si en el caso de André era real, teniendo en cuenta el daño severo que había experimentado, o si creía en el código del luchador de nunca revelar los secretos del oficio. Para ser sincero, creo que probablemente era una combinación de ambos aspectos.

A medida que el rodaje avanzaba, pasé más tiempo con él. Y, poco a poco, se abrió a mí y me contó su vida. Me dijo que tenía dos hermanos y dos hermanas, y que él era el del medio. Que había crecido en una granja construida por su padre, Boris, en el pequeño pueblo de Molien, a unos sesenta y cinco kilómetros de París. Me contó que para cuando cumplió doce años, ya había alcanzado el metro noventa, pesaba 108 kilos y que era tan grande que no podía ir en el autobús local que llevaba a los otros niños a la escuela.

Algún tiempo después, el gran dramaturgo irlandés Samuel Beckett compró unas tierras en Molien y se mudó allí (todavía hay una calle que lleva su nombre). Roussimoff padre, que era un manitas además de un granjero, ofreció su ayuda a Beckett para construir su casita de campo y, finalmente, los dos hombres entablaron amistad. Cuando el dramaturgo supo de los problemas del joven André con el autobús escolar, se ofreció a llevar al muchacho al colegio: tenía un descapotable (el único del pueblo) y, por tanto, era el único vehículo que podía alojar la envergadura de André.

Intento de emplear la maniobra de Heimlich con André en los Picos. Stanton-in-Peak, Distrito de los Picos, Derbyshire.

Y así, al menos durante un tiempo, el autor de *Esperando a Godot*, ganador de un premio Nobel, hizo de chófer del joven que, con el tiempo, se convertiría en el luchador más famoso de la historia, a quien llevaba y traía de la escuela. Siempre he dicho que puede que haya otra obra que Beckett podría haber escrito, tal vez titulada *Esperando a André*. Cuando se lo mencioné a Billy Crystal, vi cómo se le encendía una bombilla. Más adelante, protagonizaría una película muy dulce medio basada en sus experiencias con André llamada *Mi gigante favorito*.

Le pregunté a André de qué hablaba con el famoso autor cuando estaban juntos.

—De *cricket,* sobre todo —recordó André.

Solo puedo pensar en André jugando al *cricket.* Debió de mandar un montón de pelotas a la estratosfera de joven al golpearlas con ese poderoso *swing* suyo.

Me contó que no le gustaba mucho la escuela, donde estoy seguro de que los demás niños se metían con él, y lo dejó tras el octavo curso para trabajar como peón a jornada completa en la granja de su padre. Luego empezó como aprendiz de carpintería y, después trabajó durante un periodo en una fábrica que producía motores para embaladoras de heno. Recuerdo pensar que André debió de haber sido un embalador de heno muy competente. Aburrido con esas expectativas, me dijo que se marchó a París poco después en busca de fortuna. Dijo que allí lo «descubrió» primero un empresario de una empresa de traslado de muebles, que vio en el André adolescente a alguien que podía hacer el trabajo de cinco hombres por el precio de uno. Y un día, mientras metía dos armarios a la vez en la furgoneta de la empresa, llamó la atención de un promotor parisino de lucha libre.

—Entonces, empecé a viajar por todas partes, jefe.

No debería sorprender a nadie que, en el momento en que André puso sus gigantescos pies en el *ring* con diecisiete años, se convirtiera al instante en una estrella. En un par de años llegó a ser tanto literal como figuradamente el mayor (es decir, mejor pagado) luchador en el mundillo y un personaje famoso en el mundo entero. Me dijo que después de su primera pelea, los fans comenzaron a acosarlo. Especialmente en Japón, donde al parecer se considera que da buena suerte tocar o «acariciar» a un gigante. Creían que, si lo tocaban, conseguirían magia o algún tipo de poder. Y aunque eso lo hacía sentirse un poco incómodo, no le impedía ir allí de todos modos. También me dijo que algunos de los mejores luchadores de Japón estaban tan asustados de pelear con él que de repente se marchaban «de vacaciones» cuando oían que iba a la ciudad.

Una vez que comenzó a luchar, no paró nunca, ya que los promotores se peleaban entre ellos para ficharlo; tener su nombre en un cartel garantizaba que se agotaran las entradas un año sí y el otro también. Le pregunté en cuántos combates había participado y me contó que había luchado en un promedio de unos trescientos anuales durante los últimos veinte años. Algo bastante increíble. Posteriormente, descubrí a través de Andy que sus combates con Hulk Hogan se habían hecho legendarios y que uno de ellos, que tuvo lugar en el Pontiac Silverdome de Detroit, justo antes de que comenzara el rodaje, superó incluso a los Rolling Stones en el récord de asistencia de todos los tiempos a un evento en directo en un espacio cerrado, con más de setenta y ocho mil fans chillando como locos ante esos titanes. ¡El equivalente de lucha libre a la Beatlemania en el Shea Stadium!

Un día, André sacó una gruesa cartera de su bolsa de tela y me hizo un gesto para que me acercara. Al sentarme junto a él, sacó un montón de fotografías ajadas en blanco y negro. Algunas eran de él mismo con famosos como Muhammad Ali y otras eran de él de joven, todavía imberbe, por lo que recuerdo. En una de ellas iba vestido con un traje negro muy elegante, caminando por una calle de Londres. En otra levantaba un Aston Martin solo con las manos, un talento que descubrió durante su estancia en París. Después de eso, dijo que solía mover los coches de sus amigos cuando no lo veían y los metía en espacios pequeños o les daba la vuelta para que quedaran orientados hacia el lado equivocado. Le pregunté si alguna vez se había entrenado, pero me dijo que nunca le había interesado levantar peso, lo que significa que cuando Fezzik dice la frase «Ni siquiera me entreno» se crea un momento en que el arte imita a la vida.

También recuerdo que había algunas de él en bañador en las playas del sur de Francia o en varios estudios de París, ya fuera levantando a varias mujeres sobre los hombros o estirando sus enormes brazos sobre sus cabezas como un pájaro; al parecer, otra pose publicitaria preferida.

Le dije que debió de ser muy popular entre las chicas.

—Oh, sí, jefe —respondió con una enorme y profunda risotada de las suyas, precisamente el tipo de risa que esperarías de André y que, durante el curso de la película, todos acabaríamos adorando.

Mientras tanto, de regreso al plató, éramos tres, Fezzik, Íñigo y Westley (Larry, Curly y Moe en un universo alternativo) listos para asaltar el castillo. Ensayamos la escena unas cuantas veces e hicimos algunos ajustes al ritmo de mis sacudidas de cabeza, siguiendo las instrucciones de Rob. Y, cuando por fin conseguimos que estuviera conforme, empezamos a rodar.

Pero…

Llegamos al momento en que me despierto después de estar «muerto en su mayoría» y digo: «¡Os vencí por separado, ahora os venceré juntos!», Fezzik me tapa la boca con la mano y responde a la pregunta que le había hecho a Íñigo sobre cuánto tiempo iba a tardar en hacer efecto la píldora del Milagroso Max diciendo: «Creo que no mucho tiempo».

Tan pronto como pronunció esa frase, André se tiró uno de los pedos más monumentales que ninguno de nosotros había oído jamás. Bien, supongo que uno no espera que un hombre del tamaño de André emita flatulencias silenciosas o sutiles, pero este en particular fue épico, una verdadera sinfonía de aflicción gástrica que rugió durante varios segundos e hizo estremecer los mismísimos cimientos del escenario de madera y yeso al que ahora nos aferrábamos de puro miedo. Fue lo bastante largo y fuerte como para que cada uno de los miembros del equipo tuviera tiempo de dejar lo que estaba haciendo y reparar en ello. Todo lo que puedo decir es que fue una expulsión de aire que podría haber competido con el que Slim Pickens emitió en la escena de la fogata en *Sillas de montar calientes* de Mel Brooks, ampliamente reconocido como el campeón de los pedos cinematográficos.

Excepto, por supuesto, que este no estaba en el guion.

En el momento del impacto, no pude evitar mirar a André, primero preguntándome, como muchos de los demás, si estábamos sufriendo un terremoto y, luego, tras haber descubierto que no, de pura preocupación por su bienestar. La resonancia sónica fue tan intensa que incluso vi a uno de los técnicos de sonido quitarse los cascos para protegerse los oídos. Mientras el pedo continuaba, volví a mirar a André. Lo que me chocó, aparte, por supuesto, de la pura inmensidad de la flatulencia, fue que parecía estar saliendo vapor de su bisoñé, cosa que, dado que era un día particularmente caluroso, era habitual en él.

No obstante, combinado con el pedo en sí mismo, era una visión realmente inusual. Recuerdo mirarlo mientras una enorme sonrisa aparecía en su rostro y permanecía allí; una sonrisa tanto de diversión como, sospecho, de tremendo alivio. Finalmente, el rugido se aquietó y el plató quedó completamente en silencio. Todo el mundo se encontraba en un estado de completo *shock,* sin saber qué hacer ni decir, como suele ocurrir cuando a alguien se le escapa un pedo en público, especialmente en la educada Inglaterra. La siguiente frase era mía («No puedo mover los brazos»), pero en ese momento no podía emitir palabra alguna. Estaban allí, en alguna parte, repiqueteando en mi cabeza, buscando una salida, pero pronto se hizo evidente que hacerlas salir de mi boca era inútil. Entre el pedo, la sonrisa de André y el bisoñé humeante, estaba acabado. No pude evitar romper a reír.

Entonces, André se rio también.

No fue una risita, que va, sino una maravillosa risa profunda y gutural de las suyas. Luego, como solía pasar en la mayoría de películas cuando «el ataque de risa» (como se conoce comúnmente en nuestra profesión) sucede, se extendió como un virus y contagió a Mandy, Rob y el resto del equipo. Ahora bien, habría que mencionar que cuando esto ocurre en un plató, algunos directores intentan que las cámaras continúen rodando, con la esperanza de que todo el mundo recupere la compostura en un espacio de tiempo relativamente corto y regrese a escena. En esta ocasión, la esperanza era en vano.

Y así siguió. Durante las próximas tomas, la frase de André estuvo acompañada por el sonido de la risa incontrolable. Y no solo de nosotros tres, sino de todo el mundo mientras yo intentaba decir mi frase: «No puedo mover los brazos».

Pero no sirvió de nada. Rodamos unas tomas más, pero sin resultado. Cada vez que pensaba que lo había superado, miraba a André, su enorme sonrisa y el bisoñé humeante y, otra vez, estallábamos en carcajadas Mandy, André y yo. Al final, Rob se dio cuenta de que alguien tenía que volver a encarrilar la escena.

—Vale, chicos, volvamos a intentarlo —dijo—. André, ¿estás bien? ¿Necesitas un descanso?

—No, jefe, estoy bien. —Hizo una pausa—. Ahora.

Más risas, incluido André.

—Vale, tengo una idea, chicos —comentó Rob, asintiendo y con una sonrisa—. Simplemente sacad toda la risa. Pensad en el pedo y reíros hasta que no os quede nada. Hasta que estéis completamente vacíos. Tal vez eso funcione.

Lo hicimos y entonces volvimos a colocarnos y rodamos otra toma.

«¡Concéntrate, Cary!», me dije a mí mismo antes de que Rob gritara: «¡Acción!»

Pero cuanto más trataba de no pensar en el pedo, más imposible se me hacía.

Entonces, Mandy empezó a reírse otra vez... y también André.

Y así siguió. Continuábamos partiéndonos de risa, estropeando una toma tras otra, hasta que llegó el punto en que no podía siquiera mirar a André sin que los dos perdiéramos los papeles. Finalmente, le rogué a Rob que me socorriera.

—Tienes que ayudarme con esto. No sé qué hacer —le dije—. No puedo grabar la escena.

Rob me pasó un brazo por los hombros y caminamos alrededor del parapeto.

—Está bien, Cary. Simplemente dale la vuelta.

Al principio no entendí qué insinuaba.

—¿Qué quieres decir?

—Trata de cambiar la manera en que piensas en André. Piensa en lo que supone para él, ser un gigante y que se rían de él solo porque es diferente.

Miré a André. Aún sonreía felizmente. Volví a mirar a Rob y supe que tenía razón. La verdad es que André parecía una de las personas más felices y satisfechas que nunca he conocido. Pero estoy seguro de que hubo momentos en que no fue así, sobre todo cuando era más joven e intentaba encontrar su lugar en el mundo.

—¿Mejor? —preguntó Rob.

—Sí, pero ahora me siento fatal —contesté.

—No lo hagas. Estas cosas pasan. —Me dio una palmadita en la espalda—. Venga, vamos a intentarlo otra vez.

Aunque aún me sentía mal, el sabio consejo que Rob me había dado funcionó. En la primera toma lo hicimos perfecto, y esa es la que aparece en la película. Después de que Rob gritara: «Corten», inmediatamente me volví hacia André y le pedí perdón.

—No pasa nada —contestó—. Mis pedos siempre hacen reír a la gente… Ha sido uno grande, ¿a que sí?

Me hizo sonreír, para que no me sintiera culpable. Así de especial era André.

La semana siguiente, rodamos el asalto al castillo en sí, con docenas de extras y un montón de pirotecnia, incluido Fezzik en llamas vestido con su capa del holocausto, con el «Captain Kangaroo» merodeando nerviosamente fuera de cámara. También grabamos casi todas las escenas en las que aparecían Humperdinck, Rugen y Buttercup, incluidas las secuencias del matrimonio y del sueño, en las que participó la mayoría de los habitantes de Bakewell como extras. Esa fue la última semana de Bill antes de partir a Nueva York. Esta localización también nos trajo a Peter Cook, un hombre de increíble talen-

CHRIS SARANDON

Esta es mi historia favorita de André. Mis dos hijas pequeñas estaban conmigo en el rodaje en aquel momento. Les dije: «Papi está haciendo una película sobre una princesa y yo voy a hacer de príncipe, y también salen un pirata y un gigante». Tan pronto como dije la palabra «gigante», mis hijas inmediatamente comenzaron: «¿Qué? Papi, ¿hay un gigante en la película? ¿Cómo es el gigante? ¿Es grande? ¿Es muy muy muy grande, tan grande como una casa? ¿Es grande como un coche? ¿Es más grande que una puerta? ¿Habla con una voz muy grave… o con una voz aguda?». Estuvieron fascinadas desde entonces. Así que fui hacia André y le dije: «André, ¿te importaría hacerme un favor? Mis niñas solo hablan de ti. Me encantaría traerlas para que te conozcan». Y él dijo: «Por supuesto», porque era increíblemente encantador e ingenuo. Así que llevé a mis hijas hasta la caravana de André, que era del tamaño de un vagón. Mientras subíamos los escalones hasta la caravana, vi a André y dije: «André, estas son mis hijas». Y en el momento en que André se levantó, una de mis hijas gritó completamente aterrorizada. Entonces, su hermana gritó también. Y, ahora, las dos niñitas estaban gritando a pleno pulmón; finalmente nos fuimos porque no paraban. Regresé a verlo después; me sentía tan avergonzado. Le dije: «André, por favor, perdóname, no tenía ni idea. Estaban muy emocionadas por conocerte, y aun así, cuando te han visto, se han quedado aterrorizadas». Se limitó a sonreír y a encogerse de hombros. «No te preocupes. O vienen directos hacia mí o se van corriendo». Y ese era André. Se sentía cómodo con quien era. Y la manera en que la gente reaccionaba ante él: o bien se juntaban a su alrededor como un rebaño o salían corriendo aterrorizados. Y él lo aceptaba. Había una perfecta serenidad en ello. Simplemente, era el tío más adorable.

to, que interpretó al Clérigo Impactante, con un trastorno del habla, y al maravilloso Malcolm Storry, el gallina de Yellin. En el patio rodamos una de las escenas finales de la película, en la que Fezzik aparece con los cuatro caballos blancos.

Mientras tanto, durante cada momento libre, Mandy y yo nos sometíamos a largas horas de entrenamientos de esgrima con Bob y Peter. Terminaba una escena y, justo cuando estaba a punto de sentarme, Peter aparecía a mi lado con la espada en la mano.

—No te pongas demasiado cómodo —me decía guiñando un ojo.

El entrenamiento no acababa nunca. Incluso en mis días de descanso, practicaba con Bob en el hotel Hallam Tower, en Sheffield, donde nos alojábamos. Cuando partimos hacia Derbyshire, el set donde íbamos a filmar nuestro duelo aún estaba en construcción en los estudios Shepperton. Se daba por hecho que para cuando regresáramos, casi al final de la producción, Mandy y yo seríamos, al menos, espadachines

Pelea de espadachines vestido de ante. Escenario H.

competentes, si no casi los legendarios maestros de la espada descritos en el guion, y que el escenario estaría listo para que practicáramos en él.

Dado que casi todo el reparto y el equipo estábamos alojados en el mismo hotel, durante la mayor parte de los siguientes meses vivimos más o menos como una familia. Íbamos en autobús desde el hotel a varias localizaciones, incluido Lathkill, donde rodamos la escena de la batalla de ingenio con Wally Shawn.

Tiene gracia la forma en que ciertas cosas se borran de nuestra memoria a lo largo de los años, pero otras, aparentemente sin importancia, permanecen incrustadas en ella. La comida, por ejemplo, fue una fuente de discusiones sin fin durante el rodaje. Al ser neoyorquino, Rob estaba acostumbrado a trabajar con equipos estadounidenses, pero esta era su primera vez trabajando con un equipo inglés. Recuerdo la expresión de incredulidad en su cara cuando descubrió que a los equipos británicos se les permitían dos pausas para tomar el té al día: una por la mañana y otra por la tarde; y fuera del estudio, estas incluían otra pausa para el bocadillo por la tarde. El rodaje se detenía por completo mientras todo el mundo se tomaba una taza de té y un *sticky bun* (una especie de rollo dulce de canela) o un *chip buttie,* que consistía en un sándwich de patatas fritas cubiertas de mantequilla fundida, un auténtico lujo para las arterias.

La primera vez que hubo una pausa para el té, Rob se quedó perplejo. Aunque seguramente lo habrían avisado al respecto durante la preproducción, era evidente que se le había olvidado.

—¿Qué narices está pasando? —preguntó Rob a un miembro del equipo.

—Es la pausa para el té, jefe —contestó él—. Media hora para el té.

Claramente estupefacto, Rob respondió:

—Me tomas el pelo, ¿verdad?

—No, jefe. Reglas del sindicato.

Para cuando el equipo regresó de la pausa, Rob estaba muy inquieto, o lo más parecido a inquieto que lo vi durante todo el rodaje, excepto por los días en que el clima nos vencía. Se volvió hacia Andy.

—¿Dos pausas para el té y una para un bocadillo cada día? —susurró—. ¡A este paso no acabaremos la película a tiempo!

David Barron, nuestro director de producción, lo escuchó y le informó de que no era un asunto negociable. Si el equipo no hacía sus pausas para el té, cabía la posibilidad de que se produjera una huelga.

—Y entonces —dijo David de forma realista—, no tendremos que preocuparnos por el calendario, ya que no habrá película.

Existían otros problemas con el *catering*. En nuestro primer día en exteriores, el almuerzo consistió mayormente en pequeñas pastas rellenas de carne, llamadas chapati, que nos suministraba una empresa de *catering* indio. Si buscas en Wikipedia «chapati», aparte de un vídeo de cómo se hacen, esto es lo que encuentras en la descripción:

> *El chapati es un tipo de* roti *(pan plano indio) que proviene de Nepal, Bangladesh, India y Pakistán.*

Bien, da la casualidad de que soy un admirador de la comida india, ya que pasé algún tiempo en el país, así que la siguiente historia no es de ningún modo una crítica contra la extraordinaria cocina de esa nación. Pero este relato no versa sobre la calidad, sino la cantidad. En primer lugar, nos sorprendimos por haber dado con un *catering* que parecía estar explorando con la comida exótica y que quería compartirla con nosotros. Estábamos ilusionados porque nuestros paladares se saciarían con los miles de sabores que la cocina del Lejano Oriente tenía para ofrecer. Por desgracia, ese no fue el caso. El segundo día nos trajeron aún más chapatis. Y el tercero. Para el cuarto día, los chapatis se habían convertido en una broma recurrente entre Rob y Chris Guest.

Chris se inventaba frases nuevas y desternillantes cada vez que se acercaba la hora del almuerzo, cada una acompañada por esa mirada inexpresiva que lo caracterizaba. Recuerdo que una de ellas era «Chapati todo el rati», dicha con un impecable acento indio, que me mataba por completo. Chris siempre es el más rápido a la hora de inventar frases brillantes.

Para el final de la semana, se había corrido la voz de que había quejas tanto de las bocas como de los estómagos de un equipo por lo demás con pocas exigencias. Incluso André, que se había criado con las delicias de la cocina francesa, se compadecía de todos nosotros y de su propio paladar. Cuando los fans me preguntan sobre André, en general solo conocen su carrera como luchador y su legendaria capacidad para beber.

Chris Sarandon, Rob y Chris Guest hablan tras dos semanas comiendo chapatis. Haddon Hall.

148

Lo que la mayoría de gente no sabe sobre él es que André era, de hecho, un auténtico experto en la alta cocina e incluso el copropietario de un restaurante francés en Montreal. Durante un descanso en su calendario de rodaje, alquiló un camión y tomó el ferri que cruzaba el canal hasta su patria, en un principio para ver a su familia. Pero cuando regresó, llegó al set con una caja de paté, queso y *foie gras* y otra de vino bueno. Después de esto, el equipo, que ya lo adoraba, lo consideraba un dios. David Barron trató de confiscar el vino, por temor a que tuviera un «efecto adverso en el calendario de rodaje», como dijo con mucho tacto, pero André le aseguró que «lo vigilaría», ¡cosa que hizo! Así que, al final, Rob despidió al equipo de *catering*, cargado de buenas intenciones, pero con poca imaginación, y pidió a David Barron que contratara los servicios de otra empresa. Creo que la educada petición fue que, preferiblemente, fuese un *catering* que supiera preparar más de un plato.

7

EL CIRCO AMBULANTE DE ROB

No hay nada ordinario sobre la vida en un plató de cine, sobre todo cuando ruedas una película en exteriores durante un periodo de tiempo. Hay una frase fantástica en la película *Casi famosos*, de Cameron Crowe, cuando Russell Hammond, el carismático guitarrista principal, interpretado por Billy Crudup, intenta explicar al inocente y cada vez más escéptico periodista adolescente, William Miller, interpretado por Patrick Fugit, el atractivo de las noches sin fin en la carretera.

—Esto es un circo —dice Hammond—. Nadie tiene ganas de irse a casa.

Nunca he estado de gira con una banda o con un circo, la verdad, pero imagino que tiene algo en común con la experiencia de rodar una película. En la mayoría de filmes te encuentras aislado lejos de casa con un grupo de gente muy unido que intenta crear algo especial mientras pasan las horas de maneras que la mayoría de gente no podría imaginar.

Cuando ruedas en exteriores durante meses, tu trabajo se convierte prácticamente en tu vida. No puedes irte a casa con tu mujer y tus hijos al final del día. Desayunas, almuerzas y cenas con tus compañeros de trabajo y, por la noche, os reunís todos con un café o una copa y habláis de lo bueno y lo malo del día mientras os conocéis. Puede ser un entorno intenso, casi claustrofóbico, pero, con el grupo de gente correcto y el director adecuado, también puede ser la aventura de tu vida.

Y ese fue el caso con *La princesa prometida*.

CHRISTOPHER GUEST

Cuando estás rodando una película, creo que todo el mundo espera que consigas el reparto que deseas y que todo salga bien. Que todo vaya más o menos sobre ruedas. Que la gente se divierta y que, al final, el producto sea algo que le guste a todo el mundo. Lo cierto es que no puedes controlar eso todo el tiempo por muchas razones. A veces, simplemente sale, y eso es lo que pasó en este caso. Puede que sea más aburrido contar esto que decir que fulano se emborrachó y tiró cosas por la ventana. Pero no sería cierto. Fue algo casi milagroso. Recuerdo sentir exactamente lo mismo en aquel momento. Y no es que lo vea todo de color de rosa. Se abordó de una manera muy tierna.

Actuar, desde cualquier punto de vista, no puede definirse simplemente como «trabajar». A los actores se nos paga por trabajar, pero también por jugar, básicamente, algo que la mayoría de gente deja de hacer cuando entra en el mundo adulto (sino, incluso, mucho antes). De algún modo, como he dicho, hay algo muy infantil en actuar, ya sea en un escenario o en una película. A todos los niños les gusta disfrazarse, ya sea de indios y vaqueros o de caballeros y princesas. Cuando el trabajo y la diversión se unen, puede convertirse en una experiencia realmente maravillosa y gratificante, como ocurrió con esta película.

Si tuviera que describir nuestra producción, diría que, de todas en las que había estado, era la más parecida a una compañía de circo: viajamos por Sheffield, montamos tiendas, nos disfrazamos y maquillamos y representamos nuestro *show*. Si lo piensas, teníamos un espectáculo que incluía gigantes, gente pequeña, magos, albinos, espadachines y escenas de acción en las que se desafiaba a la muerte (y muchas payasadas), todo con Rob como el director de circo definitivo. Ostras, ¡pero si incluso teníamos cuatro caballos blancos! Al echar la vista atrás, estoy bastante seguro de que Bill debió de pasar buenos momentos con sus hijos en el circo mientras la idea del libro aún fermentaba en su cabeza. Cuando le pregunté al respecto, solo se rio.

También creo que hay una razón por la que todos los que participaron en *La princesa prometida* todavía disfrutan hablando de ella más de veinticinco años después: fue una experiencia realmente divertida. Hay un cierto orgullo en el producto acabado, por supuesto, y con que se te asocie para siempre con una película tan imperecederamente popular. Pero es el proceso en sí lo que más recuerdo, y lo divertido que era ir a trabajar cada día. Diría que fue la experiencia más cercana a la perfección que he tenido jamás en el mundo del cine, o que espero tener. Es algo poco habitual en un plató de cine, y todo comienza con el director. Es él quien fija el tono del espectáculo.

Los directores, como cualquiera que participa en el proceso de contratar empleados, suelen comportarse de la mejor manera cuando los conoces. Pueden ser generosos de espíritu, cariñosos e incluso compasivos. Por desgracia, uno acaba descubriendo, de vez en cuando, (y en algunos casos no mucho después de que se haya secado la tinta del contrato) que ha sido arrojado a un bote salvavidas con gente herida que usa el cine tanto para exorcizar sus demonios como para airear los trapos sucios de otros en público. Cuando esto ocurre, puede augurar un futuro completamente desagradable y deprimente para todo el equipo. Uno se acaba preguntando: «Oh, Dios, ¿en qué me he metido?».

Por suerte para nosotros, teníamos un director que, dado que también era actor,

CAROL KANE
Un director tiene muchísimo poder. Si está en el plató, terriblemente preocupado, y dice todo el tiempo: «¡¿Qué estás haciendo?!», y bla, bla, bla…, como actor, lo sientes. Te pone tenso. Rob era todo lo contrario. Intentaba rodar una película que le complaciera de una manera muy específica y personal. Y eso es lo que funciona. Nada de: «Tal vez les gustará si hago esto». Él se hacía cosquillas a sí mismo, y eso le hacía cosquillas al mundo.

no solo apoyaba a su elenco y respetaba sus habilidades técnicas, sino que hacía lo mismo con su equipo. Rob era como un niño grande en el plató: se reía, aplaudía, daba ánimos y, en general, actuaba como un admirador a la par que como cineasta. Cualquiera que te saluda con un «¡hola!» antes de decir tu nombre es claramente alguien que está en contacto con su niño interior, que es algo precioso. La desagradable alternativa es que llegues al plató y te percates de que estás trabajando o con un dictador benevolente o con algún tipo de narcisista. Entonces, te encuentras en la incómoda situación de tener que alimentar su ego. Pero, a veces, si tienes suerte, te encuentras trabajando con alguien que está tan emocionado como tú de descubrir algo nuevo cada día. Alguien que ve todo el proceso como una aventura e invita a todos al viaje. En otras palabras, alguien como Rob.

Como digo, el carácter y el ánimo del director establecen el tono de una producción y tienen un efecto dominó. Si el director está deprimido, entonces, inevitablemente, todos lo estarán. Si no sabe lo que está haciendo y aparece sin haberse preparado nada, también será una receta para el desastre. Pero si el director o la directora confían en su talento y son divertidos, geniales, delicados y más, entonces «te habrá tocado la lo-

CHRIS SARANDON

Nos lo pasamos tan bien rodándola… El propio plató estaba, como puedes imaginar, plagado de risas. Había muy buen ambiente. Y teníamos un director que sabía lo que hacía y que tenía un gran sentido del humor. Como actor, sabes que estás en buenas manos con Rob. Así que nunca piensas: «Oh, Dios, ¿lo estaré haciendo bien?». Lo cierto es que he tenido mucha suerte de haber trabajado con grandes directores. Y en una o dos películas he tenido experiencias de las que aún cuento historias. Cosas como que, justo antes de ponerte delante de la cámara, te digan que, bueno, ya sabes, que tienes papada… o que no eres nada divertido y que no eres encantador, y esto y aquello. Y entonces dicen: «Vale, ¡acción!». Pero Rob nunca es así.

tería», por decirlo así. Por suerte para nosotros, Rob es un tipo implacablemente positivo. Con toda honestidad, a pesar de las

pausas británicas inesperadas para el té, nunca lo vi frustrarse. De hecho, nunca fui testigo de algo que se pareciera siquiera a un berrinche.

Puede que él no lo recuerde, pero, de hecho, durante toda la producción, solo vi que se pusiera, brevemente, a prueba el temple de Rob una vez, y tampoco duró demasiado. Sucedió cuando dimos con un periodo de mal tiempo mientras filmábamos en las montañas de Higger Tor. Concretamente, la escena en la que el hombre de negro se enfrenta a Buttercup sobre su «lealtad». En el Reino Unido, filmar en exteriores

Otro día perdido por el gran tiempo de Inglaterra.

155

puede convertirse en una pesadilla para el director. El clima es, por lo general, completamente impredecible. Un minuto estás sufriendo una ola de calor y, al siguiente, una inundación de proporciones bíblicas. A veces, experimentas las cuatro estaciones en un día. Puedes estar rodando una escena en que los personajes están bañados por la luz del sol en un momento y cubiertos por la sombra en el siguiente. Y la forma en que las nubes se mueven en Inglaterra, sobre todo en el Distrito de los Picos, puede ser o intensamente rápida o lenta, cuanto menos. Ambas opciones son desastrosas para un director de fotografía que intenta mantener la continuidad de la luz en una escena. Bien, en esa tarde en particular tuvimos dos estaciones: verano y otoño. Empezamos el día con un sol glorioso, que, para la hora del almuerzo, dio paso a nubes oscuras y a un cielo gris acero que cada cierto tiempo se iluminaban lo suficiente como para darnos esperanzas, solo para destrozarlas unos momentos después. La situación se prolongó varias horas, con el reparto y el equipo sentados por ahí esperando a que el tiempo mejorara.

Hoy, gracias a los efectos de CGI y otra tecnología, la continuidad de la iluminación ya no supone un problema tan grande. Una herramienta fabulosa de la que un director puede disponer es la nubosidad computarizada. Pero en aquellos días, al rodar en exteriores en Inglaterra, estabas siempre a merced de la madre naturaleza, sin importar la época del año. Así que ahí nos encontrábamos…, todo el equipo se reía obligado a sentarse en la ladera de la montaña y esperaba y miraba las nubes. Y a medida que el día se acortaba, vi como, por primera vez, la confianza de Rob empezaba a flaquear.

Los directores son, por naturaleza y por necesidad, algo así como generales. Lideran a las tropas en la batalla. Y el enemigo es el tiempo. Luchas contra él constantemente, tratas de hacerlo tu esclavo y de controlarlo. Pero ese día, le arrebató el control a Rob. Recuerdo que Adrian Biddle, nuestro director de fotografía, un tipo realmente estupendo al que acababa de descubrir James Cameron, quien lo había contratado para *Aliens,* sostenía con paciencia su ocular polarizado hacia el cielo para estimar la velocidad de las nubes.

—¿Cuánto tiempo esta vez, Adrian? —preguntó Rob.

—Podrían ser quince..., tal vez veinte minutos —respondió de forma sombría.

Era una nube larga, que se movía a una velocidad extremadamente lenta. La peor clase. Habíamos rodado la mayor parte de la secuencia bajo un sol radiante, que era a lo que estábamos esperando para cuadrarlo con ese metraje. El cambio en el clima estaba robándonos un tiempo precioso. Un tiempo que no podíamos permitirnos desperdiciar sentados sin hacer nada. Miré a Rob, sentado en la silla del director. Su ánimo naturalmente alegre se marchitaba y, de hecho, revelaba una ligera decepción. Recuerdo que parecía que tuviera su propia nube oscura sobre la cabeza, arrojando un poco de lluvia sobre él, como las que se ven en los cómics o en los dibujos animados. Supongo que forma parte de mi naturaleza, pero cada vez que veo a alguien apagado, tiendo a tratar de animarlo. Así que me acerqué hasta donde estaba sentado.

—¿Estás bien? —le pregunté.

—Son estas condenadas nubes —contestó Rob, que se había acostumbrado a las palabrotas británicas—. Pero qué se le va a hacer.

—No hay mucho que se pueda hacer —respondí—. Pero estoy seguro de que nos apañaremos.

Por desgracia, eso no ayudo. Rob masculló educadamente:

ROB REINER

El clima siempre es un problema, especialmente cuando solo tienes una cantidad de dinero concreta para gastar y quieres ser responsable. Y la verdad es que no tienes control sobre esas cosas. Puedes volverte un poco loco, pero tienes que abordarlo desde un enfoque zen, porque..., ¿qué puedes hacer? No puedes arreglar el tiempo. Es lo que hay.

—Sí, supongo. —Y volvió a hundirse.

Mientras me alejaba, me fijé en que Andy se acercó a Rob. Entonces, sin decir nada, se sacó tres pelotas *hacky sack* del bolsillo (esas pelotas pequeñas de punto rellenas de arroz o arena) e hizo algo increíble: Malabares. Sí, has leído bien…, malabares. Fue la cosa más extraordinaria y hermosa que he visto en un plató, o en ningún otro sitio, de hecho: un hombre que trataba de animar a su amigo haciendo malabares. Qué cosas.

Aún veo a Rob allí, sentado, hundido en la silla, con las manos en los bolsillos, una capucha peluda sobre la cabeza y aquella pequeña nube negra y lluviosa flotando sobre él. Entonces, algo milagroso sucedió. Una inmensa sonrisa se extendió lentamente por su rostro debido a la fascinación por el simple hecho de ver las pelotas volar en círculo. La pequeña nube oscura comenzó a desvanecerse.

—¿Mejor? —dijo Andy, mientras seguía con los malabares.

Rob asintió. Y lo siguiente que oí fue esa risa profunda y estridente que se extendía por las colinas cuando compartían una broma. Ese era el tipo de amistad que tenían estos hombres. Pocas veces hacía falta animar a Rob, pero cuando las circunstancias lo dictaban, Andy sabía exactamente cómo hacerlo.

No quiero transmitir la falsa impresión de que Rob es alguien que cree que cada día va a ser todo de color de rosa. Y tengo la certeza de que soportó algunos momentos de presión y ansiedad de los que yo no estoy al tanto. De hecho, una de las cualidades de un director, digna de un genio, es proteger a su elenco de esos momentos y esconder sus propias inseguridades, si las tiene. En otras palabras, mantener algunas de sus cartas escondidas, como diría Rob, que es un fan de las metáforas relacionadas con el póquer. Como actor dramático con una larga experiencia, el propio Rob siente un afecto sincero por sus colegas actores y, al haberse criado entre platós, empatiza con el proceso cinematográfico. Es también muy decidido, una gran cualidad para un director con una visión.

La única otra cosa que ni a él ni a Andy les entusiasmaba demasiado, aparte del clima del Reino Unido, era, como ya he dicho, la comida. Y, ha-

ANDY SCHEINMAN
Estábamos ahí fuera, en un mundo extraño, rodando una película. Estábamos apartados del mundo real, especialmente en Sheffield. Recuerdo entrar el primer día y preguntarle al tipo del hotel: «¿Cuál es el mejor restaurante de Sheffield?». Y este me contestó: «No hay ninguno».

biendo crecido en Inglaterra, os puedo decir que la comida tradicional británica nunca ha sido para tirar cohetes. Cabe la posibilidad de que los chefs de hoy en día que aparecen en la televisión hayan dado paso a una nueva era de la cocina en el Reino Unido y, desde luego, en el mundo. Pero para un extranjero de aquella época, sobre todo en el interior de Gran Bretaña, debía de parecer un auténtico páramo culinario.

No es tanto que la comida fuera mala, sino que era sosa y aburrida. Así que Rob, con su gran capacidad de decisión, optó por ocuparse del asunto en persona y ordenó que se instalara una parrilla portátil en su *suite* del hotel Hallam Tower. Al final de cada día nos invitaba a todos a reunirnos allí para comer hamburguesas y perritos calientes. Era muy divertido ver a Chris, Rob y Mandy canturreando al son de las canciones pop favoritas de los cincuenta de Rob mientras este daba la vuelta a las hamburguesas en la parrilla. Aunque estas fiestas incluían cerveza o algún tipo de vino, nunca se alargaban demasiado, ya que todos comenzábamos muy temprano al día siguiente.

Una noche, justo después de que todo el mundo se hubiera ido a la cama, la alarma de incendios del hotel se activó. Sirenas agudas, fuertes y ruidosas. De esas que son tan ensordecedoras que no puedes hablar por encima de ellas. El personal de seguridad evacuó inmediatamente las habitaciones y envió a todos los ocupantes del hotel a la calle. Nos quedamos allí de pie, en el frío de la noche, en pijama, camisón o bata, mientras los bomberos locales, que acababan de llegar, se aseguraban de

CHRIS SARANDON

Estuvimos juntos en exteriores durante las primeras seis u ocho semanas y todos estábamos hospedados en el mismo hotel, cosa que no ocurre a menudo. Era como un enorme campamento de verano. Comíamos juntos, si no era en el comedor del hotel, era en la *suite* de Rob. Nos sentábamos en cualquier lado y comíamos, cantábamos y jugábamos a juegos. Fue realmente una experiencia genial.

ROBIN WRIGHT

Teníamos estas cenas cuatro noches por semana o así, en la habitación de Rob. Todos juntos, porque no conocíamos a nadie más y estábamos en mitad de la nada. Tras un par de botellas de vino él, Chris Guest, y Mandy siempre acababan cantando al son de canciones antiguas y todos nos uníamos.

que el edificio fuera seguro antes de dejarnos volver a las habitaciones. Dimos vueltas, haciendo contacto visual de vez en cuando los unos con los otros y, preguntándonos quién de nosotros era el responsable de aquel caos. Supusimos que debía de tratarse de alguien de nuestro equipo, ya que básicamente habíamos ocupado todo el hotel.

Nadie lo reconoció oficialmente, pero supongo que alguien debió de fumarse un cigarrillo a hurtadillas en la cama, lo que activó la alarma. Pero parecía poco probable, ya que pasó dos o tres veces más. Durante mucho tiempo estuve convencido de que la parrilla de Rob debía de ser la responsable y que se la habría dejado encendida por error. Cuando más tarde le pregunté al respecto, lo negó con una sonrisa y dijo que creía que había sido André, que también tenía una parrilla portátil en su habitación con la excusa de que, después de comerse toda la comida del hotel de aquel día, seguía teniendo hambre en mitad de la noche. Lo cual es una imagen en sí misma. Por desgracia, André ya no está aquí para defenderse, así que supongo que nunca sabremos quién fue el culpable.

Aparte de convertir a Rob en el cocinero del equipo, Inglaterra también lo transformó, de algún modo, en un fanático de los dardos. Poco después de que llegáramos, compró una diana y la colocó en su *suite* del hotel Dorchester, donde finalmente Andy y él tuvieron que redecorar la pared debido a las veces que fallaron estrepitosamente. Incluso se la llevó a Derbyshire. Lo más raro de todo fue que también se convirtió en un admirador de las competiciones de perros ovejeros, que en Sheffield se retransmitían por televisión casi tan a menudo como las competiciones de dardos. Le divertía que esos dos espectáculos dominaran la programación televisiva británica. Recuerdo entrar en su habitación una noche y verlo absorto en las competiciones.

—Cary, ven aquí..., mira esto —dijo, embelesado como un niño—. ¡Este tiene que ser el deporte más loco del mundo!

Vestido por completo de «sirviente», vemos el nuevo deporte favorito de Rob y Andy: las competiciones de perros ovejeros, una escena que casi formó parte de la película. Bradley Rocks, Birchover.

—¿Qué es? —pregunté.

Rob señaló la tele con la cabeza.

—Mira… La idea es que cada perro reúna a esas ocho o nueve ovejas y las meta en un pequeño prado, ¿vale?

—Sí —asentí.

—Y cada granjero, dueño de un perro, que participa en la competición usa un silbato para hacer que el perro lleve a las ovejas al prado, y el perro que lo haga más rápido gana, ¿vale?

—Vale —dije, sonriendo ante la diversión de Rob—. ¿Y?

—Y… ¿Cómo de tontas tienen que ser esas ovejas? —exclamó, gesticulando hacia la televisión—. Quiero decir, después del vigésimo sexto perro, ¡todavía no tienen claro hacia dónde las tienen que llevar!

Tenía razón. Era bastante ridículo, pero eso no impidió que viera el programa de principio a fin.

8

AMOD VEDADEDO

No estaba al tanto de gran cosa sobre Robin antes de *La princesa prometida*. Ni siquiera conocía su trabajo en *Santa Barbara*, así que no sabía qué esperar cuando la conocí. Estoy seguro de que ella tampoco sabía nada sobre mí. Yo tenía apenas algo más de experiencia que ella y no era tan popular, ya que los fans diurnos tienden a ser fervientemente fieles.

Pensé: «Guau, sabe actuar. Es divertida. Y es hermosa. ¿Dónde está el truco?». Pues bien, la verdad sea dicha, no había ningún truco. Incluso su acento inglés era impecable, cosa que no es ni por asomo tan simple como podáis pensar. He pasado un tiempo considerable en Estados Unidos y he escuchado a muchos estadounidenses tratar de fingir el acento inglés, y no es fácil. Pero Robin tiene un gran oído y, al igual que a Billy, Chris Guest, y a mí mismo, le encanta imitar acentos. No con malicia, sino de una manera divertida. Y, mientras tanto, hacer un estudio de dicho dialecto. Yo también he sido siempre así. Cada vez que oigo un acento interesante, siento la necesidad de analizarlo. Supongo que me viene de mi padre, que era un imitador increíble, y de mi amor por Peter Sellers, que debió de ser uno de los mayores expertos en dialectos de todos los tiempos. Desde su primer papel en el que interpretaba a un gánster del East End en *El quinteto de la muerte* y todos los papeles variados en *¿Teléfono rojo?*, a su impecable, a la par que maravillosamente absurdo, acento francés cuando interpretó al inspector Clouseau en la

163

colección de películas de *La Pantera Rosa*, hizo que algo se encendiera en mi cerebro infantil.

Así que, naturalmente, cuando Robin y yo llegamos a Sheffield y oímos que la gente de los Midlands tenía una jerga muy particular, tratamos de perfeccionar el sonido. Como ambos éramos fans de los Python y de *Hotel Fawlty*, veíamos sus películas y programas en vídeo en nuestras caravanas cada vez que teníamos un rato libre. Y fue, también, durante esa época cuando le presenté a Robin a uno de mis Python favoritos, Michael Palin, y uno de sus espectáculos, llamado *Historias para reír*. A cambio, ella y Andy me introdujeron en *Second City TV (SCTV)*, que no había visto nunca. Andy hizo que su oficina grabara toda la serie, la transfiriera de NTSC a PAL (el formato local), y nos la enviaron en VHS donde estábamos rodando.

Da la casualidad de que Sheffield también es el lugar de nacimiento de Palin. Soy tan admirador suyo que cuando Rob me pidió que le sugiriera actores cómicos ingleses para interpretar al Clérigo Impactante, Palin fue mi primera sugerencia. Resultó que, aunque el guion le encantó, desgraciadamente tuvo que declinar la oferta, ya que estaba a punto de interpretar a un personaje aquejado de uno de los defectos del habla más notables jamás representados en la gran pantalla: Ken Pile en *Un pez llamado Wanda*.

Rob mencionó que también se sugirió a Peter Cook para el papel y me preguntó sobre él, ya que no estaba familiarizado con su trabajo. Le dije que debería coger a Peter antes de que cambiara de opinión, ya que había formado parte de uno de los dúos cómicos ingleses más famosos cuando trabajó con Dudley Moore en los sesenta. Tuvimos suerte de conseguir a Peter, pues estuvo impecable en el papel del clérigo con el acento raro.

Al echar la vista atrás, creo que la interpretación de Robin en *La princesa prometida* está enormemente infravalorada. Su papel era el de víctima (la princesa prometida del título), una

CHRISTOPHER GUEST

Robin era muy joven. Debía de tener unos veintipocos, pero era extraordinariamente bella. Y también increíblemente dulce. Sabía poner un acento maravilloso, cosa que les resulta muy complicado a la mayoría de estadounidenses. Y Cary era ese chico guapo con un gran sentido del humor. Por suerte, el guion no es solo serio. Tiene muchos giros y vuelcos, y Cary tiene grandes frases. No era un tipo de papel unidimensional de héroe joven; también tenía muchos otros ángulos. Tenía muchos más matices de los que puedes encontrar en un guion convencional. Así que, ahí tenemos a esas dos personas, que básicamente están rodeadas de locos. Hay dos hombres malos, yo mismo y Chris Sarandon, Mandy es el tío descontrolado que busca venganza y hay algunas rarezas más. Pero hay una especie de espinazo, y Cary y Robin tienen que ser más o menos normales. Eso siempre es mucho más difícil que ser el tipo malo. Es un sueño interpretar al tipo en la cámara de tortura, porque, bueno, es un sueño.

mujer joven que sufre un enorme trauma tras haber perdido a su amor verdadero, pero que tiene que estar hermosa En todo momento. Aquí hay otra descripción de ella del guion:

«A Buttercup no le preocupa mucho la ropa, y odia cepillarse el largo cabello, así que no es tan atractiva como podría ser; pero, aun así, es probablemente la mujer más bella del mundo».

Ese era el trabajo de Robin: tener el aspecto de una mujer que pudiera inspirar a un joven mozo de labranza a abandonar el hogar y partir en busca de riquezas y seguridad para tal vez, un día, ser digno de pedir su mano en matrimonio.

Suena bastante sencillo, ¿verdad? La mayoría de la gente cree que si tienes la suerte de tener la estructura ósea correcta o si simplemente dejas que los maquilladores e iluminadores hagan su trabajo, lo único que tienes que hacer es parpadear delante de la cámara y ya lo tienes.

La realidad es otra.

Me quedé impresionado por lo trabajadora que era. No es por sentir lástima por los actores (quiero decir, obviamente ser actor es más fácil que ser minero), pero Robin era increíblemente trabajadora y disciplinada. Y estaba en un país extranjero, rodeada de todas esas personas muy vivaces que hablaban rapidísimo, muchas de las cuales, de alguna manera, compartían un vocabulario de la costa este ligeramente judío que ella no conocía. Y, sencillamente, hizo su trabajo genial.

Buttercup se enamora, pierde a su amor, es secuestrada, se la obliga a acceder a un matrimonio concertado, conecta de nuevo con su verdadero amor y, luego, lo deja marchar para salvarle la vida. Realmente requiere un buen rango emocional.

Lo que no requiere (o, al menos, ella no hace alarde de ello) es el talento cómico por el que *La princesa prometida* es tan conocida. Goldman escribió un guion que ahora sabemos que está lleno de frases clásicas maravillosas y divertidas. Por desgracia, pocas de esas frases, si es que hay alguna, son de Buttercup. Robin no es solo la víctima de la película, también es el personaje serio. Y, aunque Westley no es exactamente un comediante, tiene algunas frases divertidas y participa en varias escenas de humor físico. Al personaje de Robin no se le permite tal respiro. De principio a fin, tiene que interpretarlo con seriedad, justo como exige el papel.

Desde entonces, he descubierto que ese tipo de profesionalidad es más propensa a encontrarse en actores que han pulido sus habilidades en el teatro o en la televisión en lugar de en el cine. Esto es especialmente cierto en cuanto se refiere a la televisión diurna. Una vez, cuando Robin y yo estábamos mirando el calendario juntos después de un día de rodaje, yo no podía creer el impresionante volumen de trabajo que teníamos para la mañana y la cantidad de páginas de diálogo que debíamos aprendernos. Robin se limitó a encogerse de hombros.

Para ella no era gran cosa. En *Santa Barbara* abarcaba habitualmente montones de diálogo y prácticamente nunca tenía el tiempo suficiente para memorizarlo o practicar.

De hecho, estábamos todos bastante deslumbrados por su constancia y profesionalidad; nun-

ca se salía del personaje ni perdía el acento mientras la cámara rodaba. Ya que su papel no era ni ostentoso ni divertido, a veces su interpretación está infravalorada, cosa que es una vergüenza, porque, de hecho, es absolutamente perfecta. No sobreactúa ni una sola vez ni recurre a nada fuera de lugar. Toda la acción gira alrededor de su personaje, y su trabajo era capturar esa sensación de inocencia e impotencia, cosa que hizo de manera muy bella. Algunos actores tropiezan a menudo en las escenas y a veces requieren de un par de tomas para pillarlo. Robin no. Según lo recuerdo, en casi cada escena daba en el clavo en la primera toma. Era impecable. La elección perfecta para interpretar a Buttercup.

Me enamoré de Robin la primera vez que la vi, como casi todos los que la conocieron o conocen. Es una mujer extraordinaria y una actriz de gran talento con la que trabajar. Lo único que recuerdo es que lo pasamos realmente bien trabajando juntos en la película. Conmigo en el papel de pirata y ella en el de la hermosa doncella. Huyendo juntos en nombre del amor y la aventura. En serio, ¿qué puede ser más divertido que eso? Me gusta pensar que la química entre nosotros se trasladó a la pantalla. Ya os he dicho lo divertido que era pasar tiempo con ella. Pero también trae ese mismo sentido del humor y la alegría al plató y puede iluminar cualquier habitación con su sonrisa. Está muy relajada y cómoda en su propia piel y sumamente centrada al mismo tiempo. Interpretar a su caballero de brillante armadura en la pantalla también hizo que me sintiera muy protector hacia ella fuera de ella, aunque no quiere decir que Robin no pudiera hacerse cargo de sí misma en cualquier situación.

De hecho, creo que puedo asegurar que todo el mundo deseaba proteger a Robin. Sé que hay una historia famosa (¡que, de hecho, ahora se ha convertido en un pequeño cómic!) en la que el frío de los páramos de Derbyshire empezó a hacer mella en Robin mientras rodábamos la escena de su secuestro con Mandy, André y Wally. Empezó a tiritar y una vez tiritas es muy difícil evitar que te castañeteen los dientes. Así que André, siendo el hombre cariñoso que era, concibió una técnica para mantenerla caliente, que en realidad era muy simple. Le puso una de sus manos en la cabeza como si fuera un sombrero. Ella decía que era como tener una bolsa de agua caliente gigante ahí arriba. Desde luego funcionó ¡y ni siquiera la despeinó mucho!

En los años que han pasado desde que rodamos la película, la industria ha reconocido lo que aquellos de nosotros que la conocimos en aquel entonces ya sabíamos: que es una actriz extraordinaria. Y parece que no hace más que mejorar con el tiempo, algo que no puede decirse de muchos actores. Ahora mismo, mientras escribo esto, han pasado unas semanas desde su triunfo en los Globos de Oro, donde recibió el premio a mejor actriz de serie de televisión por su excepcional trabajo como la taimada y retorcida Claire Underwood en la serie de Netflix *House of Cards*. Con cada papel que interpreta, muestra algo de sí misma que es único. Nunca se contiene y tiene la peculiar habilidad de acceder a algo mucho más profundo en su interior que es idóneo para el personaje. Es una mujer muy inteligente y observadora. Es por eso que es una maravilla mirarla. Y me siento orgulloso de llamarla amiga.

9

VIZZINI Y EL MILAGROSO MAX

Una de las grandes cosas de trabajar en *La princesa prometida* fue tener la oportunidad de actuar junto a algunos de los talentos de la comedia más inteligentes y dotados del mundillo. Prácticamente todo el que aparece en la película tuvo la oportunidad de demostrar sus habilidades humorísticas, pero creo que hay dos interpretaciones en particular que se consideran por lo general «las más graciosas» de la película.

La primera es la de Wallace Shawn en el papel del siciliano, Vizzini.

Conocía a Wally de *Mi cena con André,* dirigida por el gran Louis Malle, en la que era tanto coprotagonista como guionista. La película contiene algunas de mis frases favoritas, muchas de las cuales son tal vez muy personales y reveladoras del punto de vista de Wally; por ejemplo, cuando dice:

«Eso es lo que nos asusta. Ese momento de estar cara a cara con otra persona. Quiero decir, no pensarías que da tanto miedo».

Debería señalar que Wally es uno de los hombres más amables que te puedes encontrar. Es el tipo de hombre apacible, afable y educado que aún usa palabras como «jolines» y «ostras». Y realmente tiene un «intelecto asombroso», pues se graduó en historia en Harvard y estudió economía y filosofía en Oxford. Esto no resulta muy sorprendente, ya que sus padres eran ambos periodistas para *The New Yorker;* su padre se convirtió en el editor de la revista durante treinta y cinco años y en íntimo amigo de J. D. Salinger. Después de la universidad, Wally tenía la intención de labrarse una carrera diplomática, pero en su lugar optó por viajar a la India como profesor de inglés con una beca Fullbright.

Mientras rodábamos en el Shepperton, él y su pareja de toda la vida, Deborah Eisenberg (también escritora, actriz y una profesora brillante), invitaron una noche a Rob, a Andy y a todo el reparto al apartamento que tenían alquilado ceca de Sloane Square en Londres para tomar unas copas. Recuerdo cuánto me impresionó la extraordinaria biblioteca que había en el estudio, y a Wally contándome que era una de las razones principales por las que había escogido ese lugar. También me contó que durante su tiempo libre iba a dar una conferencia en Oxford sobre literatura inglesa y estadounidense, algo que universidades prominentes de todo el mundo le pagaban generosamente por hacer, lo cual no resulta sorprendente.

Aun así, el «intelecto asombroso» de Wally como escritor, filósofo o profesor de literatura no disipaba sus inseguridades como actor. Y a pesar de que, como es evidente, yo no poseo en absoluto un nivel de inteligencia similar, era algo con lo que podía identificarme fácilmente. Puede que no sea un memo, pero en una auténtica «batalla de ingenio», difícilmente sería un rival digno de Wallace Shawn. Lo cierto es que no creo que haya muchas personas que lo sean.

¿Y cuál era la razón de su incertidumbre? No se trataba de un caso de pánico inicial como el mío, sino de un miedo real a que lo sustituyeran. Al parecer, Wally había oído en alguna parte que Rob quería a otro actor para el papel de Vizzini, y los rumores le provocaron algo similar a un complejo de inferioridad, a la vez que un temor casi devastador durante la producción. Lo recuerdo hecho un verdadero manojo de nervios desde el primer día, comenzando por la mesa italiana, hasta el último día de rodaje. Más tarde me dijo que cada vez que Rob gritaba «corten» después de una de sus tomas, estaba seguro de que iban a despedirlo.

«Somos unos artistas circenses que nos hemos perdido…» Wallace Shawn estaba tan convencido de que lo iban a reemplazar que le salió urticaria. Castillo de Hever, Kent, 22 de octubre.

No sé si sus ansiedades se basaban en la realidad o en la ficción. Sé que tanto Rob como Andy han dicho a lo largo de los años que nunca buscaron seriamente a ningún otro actor para el papel y que les encantaba su manera de actuar. Como a todos. Rob me dijo que no solo era un gran admirador de Wally, sino que incluso luchó en su nombre para tenerlo en la película.

Rob también hizo todo lo que estaba en su mano para calmar a Wally y para convencerlo de que hiciera la que seguramente será recordada como una de sus actuaciones más memorables. Gran parte del crédito (y esto es cierto para cualquiera de los que tuvimos la suerte de formar parte del elenco de *La princesa prometida)* se le debería dar, por derecho, a Goldman, quien escribió las innumerables frases, dignas de ser citadas, de las que Vizzini recibió una buena cantidad. Pero Wally merece un reconocimiento, también, por la inconfundible marca que puso en el personaje y la manera única en que dio vida a esas frases.

¿Un judío diminuto de Nueva York interpretando a un tiránico jefe del crimen siciliano?

¿Inconcebible, dices?

ROB REINER

Wally era divertido. El primer día metió la pata en un montón de tomas y no dejaba de pensar que lo iba a despedir o algo. Nunca se me pasó por la cabeza. Ni siquiera lo consideré. Pero en su mente era lo que yo iba a hacer. No dejaba de decirme: «La verdad es que no tengo acento siciliano». Yo le respondía: «No pasa nada, Wally. Este siciliano habla como tú. Habla exactamente como tú». Y él hizo exactamente lo que quería de él, y fue genial.

CHRIS GUEST

Recuerdo una cena que tuve con Wally en Sheffield, y que él no dejaba de decir: «Dios, esto no va a funcionar. Rob me va a mandar a casa. Esto no va a salir bien». Y yo decía: «¡No, es fantástico! ¿Qué estás diciendo?».

ANDY SCHEINMAN

Me repetía sin parar: «¡Me van a despedir, Andy! ¡Vais a despedirme!». Y yo decía: «No vamos a despedirte, Wally». No me di cuenta en aquel momento, pero más tarde me dijo que no entendía el humor de la película. Una vez escribió algo sobre la experiencia y lo abatido que estaba un día en particular o en una escena concreta. Wally es un dramaturgo muy respetado, pero le sorprendía que lo que hizo en esta película, en sus propias palabras, «se respeta y se valora mil veces más que cualquier otra cosa que haya hecho» en su carrera. Es algo muy extraño porque no creo que entienda por qué es tan bueno.

Y, aun así, qué perfecto que salió todo. En retrospectiva, uno no puede imaginarse a nadie más representando ese papel. Pero hubo algunos momentos interesantes y llenos de tensión en los que no parecía que Wally fuera a sobrevivir a la producción.

Comenzamos a filmar nuestra única escena juntos, conocida cariñosamente como la escena de la iocaína, o más correctamente la escena de la batalla de ingenio, a mediados de septiembre, en un lugar llamado Lathkill Dale, el hermoso valle de un río en el Distrito de los Picos.

WALLACE SHAWN

Para ser honesto, no creo que Rob estuviera muy contento conmigo. A ver, nunca dijo nada como: «¡Eres fantástico para este papel! ¡Te va a cambiar la vida! ¡Eres maravilloso para este papel!». Nada parecido. Creo que se sintió conforme cuando toda la película se juntó y editó, pero puede que, al menos al principio, pensara: «¿Sabes qué? No está mal, pero ojalá estuviera aquí Danny». En otras palabras: sé que Billy Crystal y Carol Kane comentaron que Rob se reía tanto durante sus escenas que tenía que salir de la sala. Eso no pasaba durante mis escenas.

El pobrecito de Wally estaba muy nervioso, y eso me ayudó un poco, ya que entonces estaba completamente fascinado con él. Es cierto que solo había visto una de sus películas, pero había sido suficiente. En el momento en que entró en el plató con su hermoso traje de terciopelo rojo y verde ornamentado, me recordó a un maravilloso príncipe de un fresco florentino. Phyllis Dalton incluso le había diseñado un sombrero a juego: una gorra medieval plana de la que sobresalía una gran pluma roja. Wally se lo probó una vez, miró rápidamente nuestras caras para evaluar nuestras reacciones y decidió no ponérselo. Con perdón de Phyllis, fue probablemente una sabia decisión, ya que es posible que hubiera sido excesivo.

Cuando empezamos a ensayar la escena, no tenía ni idea de la inseguridad de Wally, pero me fijé en que estaba sudando bastante, cosa que me llamó la atención porque era una mañana más bien fría y nublada. Tal vez se debía al pesado jubón de terciopelo que llevaba, pensé. Pero mientras leíamos las frases, su ansiedad y su transpiración se hicieron más evidentes. Al principio, no lo entendía. Allí estaba aquel hombre, siempre el más listo de la sala, con experiencia y premiado por su trabajo en el escenario y frente a las cámaras, preocupado por una pequeña escena humorística en una película de cuento de hadas. No tenía sentido. No fue hasta muchos años después, cuando Wally reveló lo que se le pasó por la cabeza ese día, que todo cobró sentido. Incluso ahora, siento lástima por Wally, porque el calendario lo

174

obligó a filmar su escena más difícil (y sin duda la más locuaz de toda la película) en su primer momento frente a las cámaras.

Si solo habéis visto *La princesa prometida* una o dos veces, o no la habéis visto en muchos años, la escena de la batalla de ingenio es la que tiene los pasajes de diálogo más largos y complicados entre el hombre de negro y Vizzini, ya que tratan de superarse el uno al otro y engañar al oponente para que beba la copa de vino con la iocaína, que es «inodoro, insípido, se disuelve instantáneamente y es uno de los venenos conocidos más poderosos». (Por cierto, si os estáis preguntando si la iocaína existe de verdad, la respuesta es no, excepto en la fértil imaginación del señor William Goldman.) En retrospectiva, puede parecer que Westley y Vizzini cargan con la misma cantidad de diálogo trabalenguas alucinante, pero ese no es realmente el caso. Ni por asomo.

Mientras Wally hacía todo el trabajo pesado de la escena, el mío era bastante simple: debía sentarme y reaccionar a los histrionismos de su personaje. Un sutil gesto de cabeza por aquí, un ligero movimiento con la mano por allá. Una línea de diálogo cada cinco o seis de las de Wally. En la escena, el hombre de negro concluye que Vizzini es, de lejos, mucho más inteligente y que, finalmente, se liará tratando de superar a su oponente. Y eso es justo lo que sucede.

Aunque Wally no estaba convencido de que fuera capaz de interpretar a Vizzini, la

WALLACE SHAWN

Por petición mía, Rob interpretó el papel. Antes de que yo hiciera una parte, le pedía que me mostrara cómo. Entonces, trataba de imitar lo que había hecho. Así que se podría decir que lo que ves en la pantalla es una especie de colaboración. Es un 40 % yo, un 40 % Rob Reiner, y un 20 % Danny DeVito. Porque es obvio que, de alguna manera, me imaginaba lo que habría hecho Danny. Y mucho de lo que hice fue idea de Rob. Por ejemplo, ¿la manera en la que acaba la escena donde hago como que me caigo muerto a un lado? Eso fue cien por cien idea de Rob.

suya es una actuación bellamente construida, y ancla la escena más complicada, a la par que graciosa, de la película. Es perfecta a la vez que atemporal. Aunque para él fue muy estresante.

También le resultó estresante rodar la escena en los Acantilados de la Locura. Los planos exteriores de esta secuencia, donde el hombre de negro persigue a los secuestradores de Buttercup montaña arriba, se rodaron de hecho en los enormes acantilados de Moher, en Irlanda, con dobles de acción filmados a gran distancia para ocultar el hecho de que no era realmente yo quien subía a toda velocidad por una pared de pura piedra y que André no estaba realmente cargando con

ROBIN WRIGHT

Oh, Wally estaba tan nervioso. Tenía muchas frases que memorizar. Y Rob quería que las recitara muy rápido. Creo que tenía un miedo atroz de que lo despidieran.

ROB REINER

Es cierto que Wally tenía la secuencia más difícil de la película. La batalla de ingenio era muy dura. Pero tanto Wally como otra gente me ha dicho, que no pasa un día sin que alguien no le diga «¡Inconcebible!» o le pida que diga «¡Inconcebible!».

WALLACE SHAWN

Aquí va otro consejo que le voy a dar a cualquier cineasta que lea este libro. No siempre es agradable para el actor representar la escena más difícil de la película nada más empezar a rodar. Eso puede ser muy muy difícil. Hacen falta unos cuantos días o una semana para meterse en el ambiente de una película y sentirse cómodo en ella y con los otros actores, reconocer sus caras, etc. Así que tener que interpretar, de repente, tu escena más difícil en el primer día no es lo más apetecible. Pero, obviamente, programar una película compleja a veces significa que ese es el único día en que se puede rodar. Eso es lo que me pasó a mí. De hecho, la rodamos durante dos días, y el fantasma de Danny DeVito estuvo terriblemente presente durante todo el tiempo.

Wally, Robin y Mandy mientras ascendía. El efecto se consiguió usando una grúa inmensa y poleas para tirar de los dobles que subían por el lateral de los acantilados. Tiene cierta gracia ver ahora en la película lo obvio que resulta que no es André el que sube, sino Peter Diamond, con un traje abultado, una máscara de goma de Fezzik y un arnés. Y la velocidad a la que el hombre de negro escala el acantilado. Pero la verdad es que no importa. *A posteriori,* de algún modo todo parece encantador, como los Roedores de Tamaño Gigantesco.

Las secuencias de la escalada en las que realmente salimos nosotros se grabaron con relativa seguridad en el mismo plató de Shepperton, donde tendría lugar el duelo, con acantilados artificiales que solo se alzaban unos nueve metros. Llevaba un arnés de seguridad y me subía una polea sin que tuviera que hacer ningún esfuerzo, o me aseguraban al barranco de yeso para el diálogo, así que no tuve que escalar absolutamente nada. Sin embargo, el equipo de Wally tuvo que superar varios obstáculos. Por un lado, los problemas de espalda de André le impedían realmente «cargar» con nadie o ser izado con un arnés. Por ello, el equipo diseñó un sistema en el que André estaría de pie sobre una plataforma unida a una carretilla elevadora y agarrado a Wally, mientras Robin y Mandy se sentaban junto a ellos sobre unos sillines de bicicleta modificados. Todo parecería perfectamente seguro. Pero había un problema: Wally tiene pánico a las alturas.

Mientras nueve metros de estuco y yeso pueden parecer seguros y superables cuando los comparas con los imponentes ciento dieciocho metros de los acantilados de Moher, para Wally, la perspectiva de escalar siquiera una pared de tres metros parecía, bueno, inconcebible. Estoy seguro de que no quiso decírselo a Rob al inicio de la producción, en caso de que eso diera al director otra excusa para reemplazarlo.

Pero, una vez más, superó sus miedos y el resultado fue una actuación épica. En realidad, la compasión y la naturaleza protectora de André también ayudaron a calmar la acrofobia de Wally. En muchos aspectos, André era realmente como Fezzik: un gigante dulce.

Puede que Wally tuviera algunas de las frases más dignas de citar de la película, pero si paramos a alguien por la calle y le pedimos que nombre a un personaje de *La princesa prometida*, aparte de Buttercup y Westley, me atrevería a apostar que la gran mayoría contestaría primero con «el Milagroso Max». Es algo sorprendente, teniendo en cuenta que Billy Crystal, que interpretó a Max, estuvo en el plató solo tres días y aparece únicamente en una única escena que dura menos de cinco minutos. También es perfectamente comprensible, dado que esa escena es una de las más divertidas de la película. De hecho, es tan divertida y extraña, y su tono es tan único, que casi parece que la hubieran dejado caer de otro guion. Pero no fue así, por supuesto. El Milagroso Max es una creación de Bill Goldman, aunque complementada con el talento humorístico de Billy.

Llevábamos dos meses trabajando en la película para cuando Billy y su esposa en la pantalla, Carol Kane, llegaron al set el 15 de octubre. Yo acababa de terminar otra sesión de entrenamiento con Peter Diamond cuando me encontré con Rob, que me informó de que Billy había llegado.

—¿Puedo ir a saludar? —dije.

—Sí, claro —dijo Rob—. Está en maquillaje.

Por un momento, me pregunté si experimentaría la inquietud que acompaña el conocer a alguien cuyo trabajo admiras desde hace mucho. Como actor, si pasas el tiempo suficiente en Hollywood, y te sonríe la suerte, tendrás la oportunidad de conocer a algunos de tus ídolos. A veces es decepcionante; otras veces es exactamente lo que esperabas que fuera.

Billy era tan encantador y divertido como me había imaginado. Es una persona muy sensata y, a la vez, aparentemente incapaz de no hacer bromas y, en general, de tratar de hacer reír a la gente. Algunos cómicos y actores de comedia (Billy es ambos) son personas totalmente diferentes en el escenario y

WALLACE SHAWN

No me gustan las alturas y recuerdo preguntar a Rob y a Andy en mi audición: «¿Vamos a estar de verdad en los acantilados más altos del mundo? No vamos a tener que hacer de verdad todas esas cosas, ¿verdad? ¿Todas esas escenas de riesgo?». Y contestaron: «No, no. Todo eso lo harán dobles». Cosa que era cierta en parte, porque, aunque no fuimos a los acantilados más altos del mundo, nos vimos obligados a actuar en una pequeña carretilla elevadora, que en mi memoria no era más grande de metro y medio, a diez metros en el aire en un plató de los estudios Shepperton. E incluso eso me resultaba sobrecogedoramente terrorífico. ¡Nunca habría aceptado el papel de haber sabido que íbamos a hacer eso!

MANDY PATINKIN

Wally tenía pánico a las alturas y le preocupaba arruinar toda la escena. Había un doble para él en el plató, por si acaso. Pero entró al plató, se montó en la carretilla y se agarró a André como si le fuera la vida en ello. Y André simplemente lo acarició como a un niño y le dijo: «No te preocupes. Yo cuidaré de ti». Nunca lo olvidaré. El momento en que André le dijo eso a Wally, se calmó, dejó de sentirse ansioso e hizo la escena estupendamente. ¡Y gracias a la amabilidad de André, Wally fue capaz de respirar!

WALLACE SHAWN

André fue muy amable ese día. Estuve atado a él físicamente durante la parte más aterradora de la película. Llevaba en el traje una petaca de coñac que me ofreció. Lo rechacé porque estar allí ya me mareaba un poco. Y Rob también fue muy amable. Se dio cuenta de lo asustado que estaba, así que rodó la secuencia para reducir la necesidad de que yo estuviera allí arriba, y renunció a algunos planos muy buenos por amabilidad, algo muy notable y poco habitual en un director.

fuera de él. Billy es la misma persona más allá de donde esté. Es realmente divertido y amable todo el tiempo.

Cuando entré en el departamento de maquillaje, lo vi sentado en una silla, esperando pacientemente a que su maquillador de toda la vida, Peter Montagna, realizara la meticulosa tarea de transformar al actor de treinta y nueve años en un mago anciano y malhumorado con pinta de trol. Charlamos de cosas sin importancia durante algunos minutos, mientras Billy me interrogaba sobre cómo iba la película y decía lo emocionado que estaba por formar parte de ella. Fascinado por su transformación, le pregunté cómo se le había ocurrido el aspecto que debía tener Max y recuerdo que me dijo que quería que fuera una mezcla entre Casey Stengel y su abuela.

Entonces, mientras Peter le pegaba las últimas piezas de látex arrugado en la cara, Billy recitó frases de su diálogo en busca del personaje de Max mientras se miraba al espejo. Incluso improvisó todas esas imitaciones locas de todo el mundo que influenciarían en el personaje. Era absolutamente desternillante. Me sentía como si me hubieran regalado un pase privado de un espectáculo.

En ese momento, me di cuenta de que *La princesa prometida* no solo iba a ser una buena película, sino que tenía la posibilidad de convertirse también en un éxito comercial. Al principio, pensé que se trataba de una película tan inusual que era imposible valorar si habíamos dado en el clavo, menos aún si había un público ansioso por verla. Billy cambió todo eso; o, al menos, cambió la manera en que yo me sentía al respecto.

Sabía exactamente lo que iba a hacer con su personaje. Sin duda, Mel Brooks fue una inspiración. De hecho, en el guion, a su personaje se lo presenta de la siguiente manera:

Se oye la voz de un hombrecito, procedente del interior de la choza. Si el 2000-Year-Old Man *de Mel Brooks fuera viejo de verdad, se parecería a este tipo.*

Pero Billy también quería que Max fuera único por derecho propio. Oí que hubo problemas con una prueba de maquillaje previa. Que los postizos eran demasiado cómicos, casi molestos. Así que él y Peter trabajaron juntos en Los Ángeles durante un tiempo antes de ponerse finalmente de acuerdo sobre el *look*. Observé cómo Peter aplicaba cada nuevo set de prótesis y daba, de vez en cuando, un paso atrás para dejar que Billy evaluara el progreso y practicara algunas frases. Arrugaba la cara, carraspeaba para quitarse una flema imaginaria de la garganta y gritaba a su imagen en el espejo:

—¡¿Qué?! ¡¿Qué?! ¡¿Qué?!

Nunca supe si invocaba al personaje o simplemente imitaba a su abuela. Tal vez un poco ambas. Fuera como fuere, era divertido.

Para cuando Peter colocó finalmente las últimas piezas del maquillaje de Billy, la peluca y las lentes de contacto, Billy se había convertido de verdad en el Milagroso Max. Era otra persona: ese viejo cascarrabias. Estaba completamente transformado. Era desternillante. Y a partir de ese instante, no se salió del personaje.

Ese día también me presentaron a Carol Kane. Yo era un gran admirador de su trabajo. Aparte de su actuación en *Tarde*

BILLY CRYSTAL
Le llevé esas dos fotos a Peter Montagna, que era mi maquillador en SNL, donde había realizado grandes interpretaciones, y sigue trabajando conmigo. Tenía las fotos de Stengel y de mi abuela. Y, más o menos, las mezclamos hasta dar con el aspecto adecuado. Incluso llevé a un tío mío que tenía una estructura ósea similar. Tenía el pelo largo y blanco, hasta los hombros, y Peter estudió su cara mientras me hacía el molde. De hecho, confeccioné un molde de la cara de mi tío al mismo tiempo. Pero hubo muchas cosas que influyeron en el aspecto de Max. Pequeñas cosas.

de perros, su retrato de la esposa de Andy Kaufman, Simka Dahblitz-Gravas, en *Taxi* y sus papeles en *Conocimiento carnal, Annie Hall* y *El último deber* me habían cautivado. Ahí estaba una artista, cuyo increíble currículum se extendía más de una década, que había venido para hacer un cameo en nuestra película. Y mientras que el papel de Billy es el más llamativo y la interpretación que la gente recuerda con mayor claridad, el trabajo de Carol también es espectacular y su transformación, todavía más intensa.

Hoy en el personaje del Milagroso Max vemos y oímos la voz de Billy. Pero es prácticamente imposible reconocer a Carol en la chillona esposa de Max, Valerie. Se la describe en

Billy Crystal y Rob Reiner. Las tomas eliminadas de Billy en el papel del Milagroso Max eran tan graciosas que Rob y yo las vimos desde un monitor fuera del plató. «Cabaña del Milagroso Max», escenario M. Shepperton.

el guion como una «furia vetusta». Y, desde luego, estuvo feroz en el papel. ¿Pero vetusta? Difícilmente. La gente no se da cuenta de que tenía solo treinta y cuatro años en aquel momento.

Cada vez que conocía a un nuevo miembro del reparto, me sentía más y más como un niño en un campamento de teatro al que de repente han arrancado de las filas de lo ordinario y arrojado a un escenario de Broadway.

Con Billy y Carol, el efecto se intensificó por dos factores: la cantidad de maquillaje y postizos, y el hecho de que llegaran cuando ya estábamos tan metidos en la producción y se quedaran durante tan poco tiempo. Para ser sincero, casi no vi a ninguno de los dos sin los disfraces del Milagroso Max y Valerie. Y no debió de ser nada cómodo dejarse la piel durante doce o catorce horas bajo la gruesa capa de maquillaje, vestidos con esos pesados disfraces de arpillera, y trabajar bajo los focos. Norman Garwood había diseñado una magnífica pequeña cabaña en un bosque, que sería su hogar. El aspecto era perfecto, pero, madre mía, qué calor hacía allí dentro una vez se encendían todas las luces.

No es que Billy o Carol se distrajeran con todo aquello. Ambos dieron lo mejor de sí, por decirlo de alguna manera, y al hacerlo dieron lugar no solo una de las escenas más reconocibles de la película, sino también a algunos de los días más memorables del rodaje.

Todo lo que recuerdo de esos tres días de rodaje en la cabaña del Milagroso Max es que fueron jornadas llenas de risas

BILLY CRYSTAL

De hecho, le dije a Rob: «¿Por qué no coges directamente a Mel?». Y él dijo: «¡Porque te quiero a ti!». Fue así de simple, y creo que, en retrospectiva, para mí fue la elección acertada. Y, posiblemente, también lo fue para la película. Porque si tuviéramos a Mel, entonces la gente diría: «¡Ups, ahí está Mel Brooks!». Todo sería demasiado obvio, como si lo sirvieran en bandeja. Yo no venía servido en bandeja. Yo era realmente Max.

y locura. Rob dijo que quería que la escena fuera estrafalaria, así que básicamente le dio carta blanca a Billy para que desarrollara el personaje. No es que Billy necesitase que le insistieran demasiado. Desde la primera toma en la que aparece el gruñón de Max asomando la cabeza por la mirilla de madera en la pared (de manera muy similar al portero que recibe a Dorothy cuando ella y sus amigos llegan a Oz), improvisó.

Durante tres días seguidos, diez horas al día, Billy improvisó bromas del siglo XIII, sin repetir lo mismo ni una sola vez. Era tal la hilaridad de su improvisación que hizo que Mandy se hiciera daño mientras luchaba por reprimir la necesidad de reír. Por lo tanto, os podéis imaginar el efecto que tuvo en mí y en Rob, que tuvo que abandonar el plató porque su escandalosa risa arruinaba demasiadas de las primeras tomas.

Algunas de las improvisaciones acabaron en la película. Por ejemplo, cuando Max abre la mirilla, el guion original solo decía: «El hijo del rey, ese apestoso, me despidió...», en respuesta a Íñigo cuando pregunta si es el mismo Milagroso Max «que cuidó del rey durante años».

Para ilustrar mejor la amargura que sentía el personaje hacia el rey, Billy decidió añadir la frase: «Y gracias por sacar a relucir asunto tan doloroso. Es como si me hicierais una herida y echaseis limón en ella».

También fue idea suya lo de incluir el «amor verdadero» en una escala de las cosas más importantes de la vida junto con un sándwich:

«Sí, hijo, el amor verdadero es lo más grande del mundo..., con excepción de un bocadillo de

CAROL KANE

Lo primero que recuerdo sobre Cary es esa nobleza que lo caracteriza. Eso mezclado con un extremadamente endiablado sentido del humor era una combinación poco habitual. Porque, a veces, cuando un hombre joven, o una mujer, es tan extraordinariamente bello, no depende mucho de su sentido del humor, pero creo que eso es Cary, una vez atraviesas la parte superficial.

cordero, lechuga y tomate, cuando el cordero es rico y magro y el tomate está en su punto».

Una cita que lo ha seguido desde entonces en alguna forma o variación en cada charcutería y restaurante que ha pisado.

Algunas de las tomas más divertidas eran simplemente demasiado verdes, por lo que acabaron en el suelo de la sala de montaje. Después de todo, *La princesa prometida* es una película familiar para todos los públicos, que tiene la intención de ser apropiada y divertida para espectadores de todas las edades, así que, como podéis imaginar, no podíamos tener a Max comparando el amor verdadero con una defecación vigorosa, por muy divertido que fuera. Ni podíamos dejar que explicara su mal humor diciendo: «No me metas prisa, hijo. He tenido una noche difícil. ¡Encontré

185

a mi sobrino con una oveja!», que de todos modos no podría haberse utilizado porque todo el equipo, y especialmente Rob, se partió de risa después de que dijera la frase.

De hecho, esas líneas e innumerables otras llevaron a tomas arruinadas, imposibles de usar por culpa de nuestras risas, y si buscáis en YouTube las escenas eliminadas, podéis oírnos a todos partirnos de risa. Para aquellos de nosotros que nunca antes habíamos trabajado con él, nos dimos cuenta de que lo único que necesita Billy es un público receptivo y, entonces, no hay quien lo pare.

En cierto modo, yo tenía la tarea más difícil de todas, ya que debía representar la ilusión de alguien que se supone que está «muerto en su mayoría». Rob me dijo que no me moviera en absoluto. Ni un parpadeo. Ni siquiera se podía notar que estaba respirando, menos aun riendo, ya que la cámara mostraría que se me movía el pecho. Pero la insensatez de intentar no reírme mientras Billy hacía su antiguo monólogo yidis me resultó imposible. Creo que, de hecho, Billy intentaba hacerme

André, mi maniquí, Billy y Mandy.

reír durante mi única frase en la escena, cuando me aprieta el estómago para sacarme el aire, y ¿adivinad qué? Lo consiguió.

No podía hacerlo. Después de arruinar unas cuantas tomas, se tomó la decisión de reemplazarme en la mesa por el maniquí de goma que André había estado cargando. Me uní a Rob frente a una pantalla que había instalada en el pasillo fuera del plató, del que ahora ambos habíamos sido expulsados por el departamento de sonido debido a que nos reíamos demasiado.

Y debería mencionar que Carol realmente realzaba con su improvisación la magia de todos aquellos momentos. Fue ella quien creó toda la parte con Bill sobre la píldora bañada en chocolate, y lo llevó a un nivel de hilaridad que persiste hasta el día de hoy y que ofrece útiles consejos relacionados con la ingestión y la dosis:

> Valerie: El baño de chocolate le ayudará a digerirla, pero hay que esperar un cuarto de hora para que pueda tragarla. Y luego no debe bañarse hasta después de... ¿cuánto?
>
> MAX: Una hora.
>
> Valerie: Sí.

MANDY PATINKIN

Sin duda, fue uno de los momentos más dichosos de mi vida. Solo puedo hablar por mí, ¡pero era para preguntarse por qué nos estaban pagando en lugar de pagarles nosotros a ellos! La única lesión que sufrí en la película fue fuera de cámara, cuando estaba dándole apunte a Billy Crystal en la escena del Milagroso Max. Cary estaba muerto sobre la mesa, André se encontraba allí, y yo estaba fuera de cámara de pie junto a Rob, dándole entrada a Billy. Y Rob no podía aguantarlo; se reía con cada toma. No quería aquello en la pista de sonido, así que tuvo que salir del plató después de gritar «acción». Y yo estaba allí atrapado, aguantando la compostura, mientras le daba sus entradas a Billy. Literalmente, me magullé una costilla por contener la risa. Esa es la única lesión que me hice en toda la película. Y, como estoy seguro de que ya lo sabéis, grabamos todas las escenas de riesgo nosotros mismos.

MAX: Una hora larga.

He descubierto que algunas de las frases más famosas de la película se citan no solo cuando la gente está pensando o hablando de *La princesa prometida,* sino también cuando se encuentran en circunstancias totalmente opuestas al tono extravagante de la película.

Mi historia favorita es la que involucra a un hombre y su hijo, a quienes conocí mientras rodaba una película en Rochester (Nueva York). El padre me contó cómo la película literalmente había evitado que se volviera loco.

Siempre tengo tiempo para los fans, pero este hombre sin duda despertó mi interés.

—¿Puedo preguntarte cómo?

Entonces, me explicó que había estado de servicio en el ejército y que había regresado hacía poco después de haber estado destinado un largo tiempo en Iraq. Su base se encontraba en una zona muy peligrosa. Me contó que había muchos francotiradores, bombas camineras y fuego de mortero. Y después de perder a muchos de sus camaradas, la moral de la unidad había tocado fondo. Así que, desde aquel momento en adelante, cada noche, antes de que los soldados salieran en sus Humvees a proteger el perímetro o a patrullar, su oficial a cargo les daba las órdenes y los enviaba con estas palabras: «¡Divertíos asaltando el castillo!».

—Gracias a tu película todos completamos nuestra misión en esa base, ya que nuestro comandante siempre conseguía hacernos sonreír antes de salir. Y eso nos daba ánimos.

Me conmovió mucho esta historia. Supongo que nunca sabes cómo puede afectar tu trabajo a la gente.

Los únicos dos actores del Circo Ambulante de Rob con los que el elenco no pudo pasar mucho tiempo fueron Peter Falk y Fred Savage. Las escenas entre Fred como el nieto enfermo al que su abuelo, interpretado por Peter, lee la historia se rodaron solo unas puertas más allá en el escenario L, mucho después de que la mayoría de nosotros hubiéramos terminado la película. Y, aunque no llegué a trabajar con ellos o incluso a ver sus escenas, solo quiero reconocer lo maravillosos que ambos

CAROL KANE
Hay tantas oportunidades de que todo salga mal que pocas veces puedes disfrutar de verdad del proceso, porque eso es todo lo que tenemos. Lo demás es solo un increíble bono extra. Lo que me llevé conmigo fue que este proceso sencillamente brillaba de alguna manera, que este grupo de gente con el que estaba en esa sala, todos y cada uno de ellos, eran tan extraordinarios y habían sido escogidos tan increíblemente bien que cada día era delicioso y valioso, y estaba muy agradecida. Creo que eso es lo extraño de la película: que todos nos sentíamos así.

CAROL KANE

Creo que en mi primer día de rodaje el maquillaje nos llevó algo así como nueve horas. Así que estaba sentada en esa silla y ya estaban rodando partes de la escena en las que yo no aparecía. Era muy inquietante para mí porque todos habían estado trabajando juntos durante varias horas antes de que me dejaran levantarme de la silla del maquillaje. Aun así fue muy divertido y, ya sabes que algunas cosas fueron improvisadas, como lo del chocolate, pero, por supuesto, Billy es todo un maestro. El maestro absoluto. Era casi imposible no reírse.

están en la película. No conocía el talento de Fred en aquella época, pero, por supuesto, había visto muchos capítulos de *Colombo* cuando era niño. Sus momentos juntos afianzan toda la película y están interpretados con tanta ternura que, para mí, son algunos de los más conmovedores. Falk, por cierto, estaba preocupado de no ser lo bastante viejo como para interpretar el papel del abuelo de manera convincente, con solo cincuenta y nueve años en aquel momento. Y, al parecer, acordó con el departamento de maquillaje que le pusieran postizos en la cara para hacerlo parecer más viejo. Pero cuando vio el metraje sin editar, se volvió a Rob y le dijo que creía que parecía la «víctima de un incendio».

FRED SAVAGE

Recuerdo a Peter maquillado para parecer más viejo y que sentía que lo hacía parecer demasiado mayor. Así que tuvimos que rodar otra vez con un maquillaje diferente que le hiciera parecer más joven. Era maravilloso. No había nadie más amable ni más paciente, ni que me hiciera sentir más cómodo que Peter. Para ser sincero, ni siquiera recuerdo cuándo estábamos rodando y cuándo no. Se sentaba en aquella silla, y yo estaba en la cama, y hablaba conmigo todo el día. Le cogí mucho cariño. A lo largo de los años nos mantuvimos en contacto. Realmente le tenía mucho aprecio. Me quedé destrozado, como tanta otra gente, cuando falleció. Eso es lo que más recuerdo: Peter y su calidez. Me olvidé de todo lo relacionado con actuar o incluso con rodar una película. Se convirtió en algo así como mi abuelo.

ᥫ 10 ᥫ

UN PAR DE CONTRATIEMPOS

La cinematografía no es un negocio arriesgado por naturaleza, sobre todo para aquellos de nosotros lo bastante afortunados como para trabajar delante de la cámara. Y, a menos que seas Tom Cruise, son normalmente los dobles quienes se encargan de la gran mayoría de tareas que podrían ser peligrosas de alguna manera. E incluso entonces, se toman todas las precauciones para garantizar la seguridad y la salud de todos los involucrados. Por ese motivo, se celebran reuniones de seguridad en las que el primer asistente de dirección y el coordinador de escenas de riesgo explican dichas escenas al reparto y al equipo y cómo evitar que ellos mismos y los demás sufran ningún daño.

Dicho esto, si eres lo bastante joven e imprudente, quizá encuentres una forma de sufrir un accidente durante el rodaje una película. Que es precisamente lo que me pasó en el set de *La princesa prometida*.

Dos veces, de hecho, aunque para ser honesto debería señalar que solo una de las lesiones ocurrió mientras estaba realmente trabajando.

La primera tuvo lugar mientras, simplemente, me comportaba como alguien cuyo sentido de la aventura excede sus aptitudes.

Sucedió a finales de septiembre, mientras rodábamos la escena en la que el hombre de negro se mofa de Buttercup sobre su amor verdadero por el joven granjero, con la frase: «La vida es dolor, alteza. Quienquiera que diga lo contrario pretende engañaros».

Otra gema de valor incalculable de Goldman.

Poco sabía yo que experimentaría un auténtico dolor ago-
nizante unos momentos antes de pronunciar esa frase. Además, sería yo el que «pretendería engañaros», solo para cubrirme las espaldas.

El lugar que Rob escogió para rodar esta secuencia estaba
en lo alto de una cima sobre un auténtico barranco en un lugar
llamado Cave Dale, en Derbyshire. Casualmente, André estaba
allí, practicando con su doble, Terry Richards, para la escena de
nuestra pelea de más tarde. Al principio del rodaje, el equipo se
percató de que iba a ser difícil llevar a André a cualquiera de los
escenarios exteriores, ya que su tamaño impedía que cupiera en
la furgoneta de transporte y sus problemas de salud descartaban
que fuera y regresase a pie de los muchos escenarios escarpados
y montañosos que íbamos a usar. Por lo tanto, la producción
decidió alquilarle un *quad* (de algún modo encontraron uno
lo bastante grande para él); André estaba encantado. Nunca olvidaré la imagen de este conduciendo a toda velocidad en su
quad, riendo a carcajadas, con la ya de por sí ruidosa máquina
crujiendo bajo su peso. Era algo digno de ver. Podía hacer que
todo el equipo se detuviera. Era cautivador ver que tenía, sin
duda, un gran dominio del vehículo y que sabía lo que hacía.

—Tengo uno igual en casa, en la granja —me explicó un
día—. Es divertido, jefe. Deberías probarlo alguna vez.

Por motivos relacionados tanto con las reconocidas leyes
de conducta profesional y las de supervivencia general, decliné
la oferta educadamente. En medio de una producción cinematográfica se espera que los actores se abstengan de realizar
actividades que puedan poner en peligro de cualquier manera
su habilidad para actuar en la película. Esto incluye una amplia gama de actividades que abarca desde lo estúpido hasta lo
abiertamente peligroso. En general, esas cosas aparecen escritas en el contrato, lo cual, la verdad, es comprensible. Si eres
un estudio de cine y estás invirtiendo millones de dólares en
una película, tienes derecho a esperar que tu estrella (de nue-

vo, a menos que seas Tom Cruise) no se vaya a hacer *puenting*, paracaidismo, paravelismo, escalada, *kite buggying* o a conducir un *quad* campo a través en mitad de la producción. A pesar de que es posible que hubiera una cláusula en mi contrato que lo enunciara, el sentido común dictaba que tuviera prudencia y cuidado en lo referente a esas cosas.

Pero André no se daba por vencido.

—No, jefe, de verdad. Es fácil. Ya verás como te gusta.

Después del almuerzo, volví caminando a una de las furgonetas que tenía que llevarnos a todos hasta la colina escarpada para comenzar a rodar y vi a André sentado en su *quad* a un lado de la carretera, charlando con Terry. Al acercarme a la furgoneta, oí esa voz estruendosa llamarme.

—¡Eh, jefe! ¡Ven aquí!

Presentí lo que venía a continuación, pero de todos modos me acerqué.

—¿Quieres probar mi juguete? Venga. Sé que te mueres de ganas.

No sé qué me pasó (qué posible razón encontré para abandonar toda prudencia y precaución), pero de repente oí estas palabras saliendo de mis labios:

—Claro, ¿por qué no?

En cuestión de segundos, estaba sentado sobre la gran bestia mecánica, que, de cerca, parecía considerablemente más grande y poderosa de lo que me pareció a una distancia prudente. Debería haberlo pensado mejor, no solo por las razones que ya he mencionado, sino también porque no tenía ninguna experiencia con *quads*.

Terry, que era responsable de pasear el vehículo cuando André no lo usaba, me dio una clase rápida.

—El embrague está aquí —dijo—. Colocas el pie así. —Apretó con el pie y soltó el embrague—. Los frenos están aquí arriba. —Entonces apretó los frenos en el manillar—. Es como una moto.

—Ah, vale. Genial —dije mientras encendía el motor.

Era verdaderamente ruidoso. Más todavía cuando estabas montado en él. Una enorme sonrisa apareció en el rostro de André. Estaba contento de verme aventurarme en mi primer paseo en *quad*. No tenía ni casco ni chaleco protector, no estaba armado más que con soberbia.

Solté el embrague y, en lugar de avanzar lentamente, como hacía cuando André lo conducía, el cuadriciclo se lanzó hacia delante de una sacudida y casi me tiró del asiento. Me agarré con todas mis fuerzas, como un vaquero de rodeo que sale del establo montado en un caballo salvaje. Verme intentar dominar torpemente esa moto de cuatro ruedas debió de ser una imagen cómica para el desconcertado equipo. Tras un minuto o así, conseguí orientarme y me sentí un poco más cómodo, así que, estúpidamente, decidí cambiar de marcha. Mientras le daba gas, el vehículo saltó sobre una zona de rocas, se me resbaló el pie del embrague y se quedó encajado entre el pedal y una de las rocas, lo que provocó que el motor tartamudeara y se parara. Miré hacia abajo y vi que el dedo gordo de mi pie izquierdo estaba doblado completamente hacia abajo.

Si esto suena doloroso, créeme, lo fue. Dejé que el dolor me recorriera el cuerpo; era insoportable. A día de hoy aún lo siento cuando lo recuerdo.

Es una reacción extraña y, sin duda, particularmente masculina, la de fingir indiferencia cuando sufres una lesión en un entorno público, sobre todo cuando dicha lesión es un efecto secundario de un comportamiento estúpido. Miré hacia atrás y vi a Terry correr hacia mí, junto con varios miembros del equipo, con aspecto preocupado.

Mientras se acercaban, levanté una mano e intenté sonreír a través del dolor.

—Estoy bien. No pasa nada...

Pero solo trataba de hacerme el valiente, más o menos como el Caballero Negro en *Monty Python y los caballeros de la mesa cuadrada* al proclamar «¡Es una herida superficial!» después de que le corten los brazos.

En realidad, la palpitación en el pie se intensificó, pero el dolor y la sorpresa inicial dieron enseguida paso al verdadero pánico. Era un gran día de rodaje para mí. Uno donde tenía que caminar mucho. Incluso correr. Por no mencionar mi práctica diaria de esgrima. ¿Cómo narices iba a fingir eso? Estaba tan asustado y nervioso, no solo porque seguramente iba a recibir una seria regañina por parte de Rob por ser estúpido e irresponsable, sino porque cabía la posibilidad de que me sustituyeran. Después de todo, ¿cómo iba a enfrentarme en un duelo de espadas si apenas podía caminar? Así que, por puro miedo, hice la cosa más estúpida que podría haber hecho. Les rogué a los presentes que no dijeran nada.

—Estaré bien —dije—. No os preocupéis.

Era evidente, veían que no lo estaba. Llamaron a una paramédica y, por suerte para mí, como la mayoría de ellos, también era enfermera. Me quitó la bota de ante negro y el calcetín con cuidado, un proceso muy doloroso en sí mismo y, luego, con ternura, me examinó el dedo gordo, hinchado, que apuntaba en un ángulo extraño.

—¿Te duele esto? —dijo, y lo tocó suavemente.

—Ajá. —Me encogí de dolor y apreté los dientes—. Un poquito…

Mientras tanto el dedo le mandaba mensajes a mi cerebro que decían: «Retira eso. ¡Mucho, idiota!».

—Bueno, definitivamente está roto —comentó ella—. Deberías ir al hospital a que te hagan una radiografía.

—Oh, no. No puedo hacer eso —respondí en un tono más temeroso que valiente—. Ahora no. Tenemos una escena que rodar. Estaré bien. Podemos hacerlo cuando acabe.

La enfermera me miró como si estuviera loco. *¿Puede que se haya golpeado la cabeza también?*

Sin duda, el miedo me nubló el juicio; no pensaba con claridad. Sabía exactamente lo que implicaba el calendario de rodaje. Conocía cómo le gustaba trabajar a Rob. A esas alturas ya le había cogido el ritmo: sacaba las tomas en el primer intento en la mayoría de ocasiones y pasaba a la siguiente posición de cámara. Era consciente de que estaríamos allí solo aquel día, y si era incapaz de rodar lo que necesitábamos, habría que volver otro día para completarlo. Lo que significaba que tendríamos que posponer mis escenas y cambiar todo el calendario mientras me revisaban y trataban. También sabía que los médicos sugerirían que no caminase durante unos días, puede que incluso unas semanas, mientras el dedo estaba entablillado o enyesado para curarse correctamente. Todo el asunto supondría tiempo y dinero, y era todo culpa mía. Todos estos pensamientos y más me corrían por la cabeza en ese momento.

Sabía que había actores a los que habían despedido por errores de juicio menos atroces. Pese a que Rob no es de los que se enfadan, me lo imaginé preguntándose si yo valía la pena a pesar de los problemas que había causado. Estaba acabado. Esto era el final, pensé. Tendrían que encontrar a otro Westley. Entonces, llegaría a los medios y mi carrera estaría acabada. Después de todo, ¿quién podía culparlos? Yo era el responsable. Yo era el cretino que no tenía el juicio necesario como para mantenerme alejado de un *quad* en mitad de la producción. ¿Por qué perder más el tiempo conmigo?

Veréis, una cosa es hacerte daño mientras ruedas una escena. Si te lesionas rodando, todo el mundo lo entiende y se sienten mal por ti. «Qué mala suerte, hombre. No te agobies. Vete a casa, descansa y vuelve cuando te encuentres mejor». Las aseguradoras tienen pólizas que cubren este tipo de cosas para que los productores no tengan que preocuparse.

Pero…, si te haces daño haciendo el tonto fuera del set, eso es harina de otro costal. Claro, la gente sufre accidentes, pero este podría haberse evitado por completo. Me lo había buscado por hacer el tonto con un juguete que ahora reconozco que no era realmente un juguete. Es una máquina peligrosa. Una máquina que, como se hizo evidente, yo no sabía manejar y que ni siquiera debía tratar de conducir. Había mucho en juego: trabajos, dinero, asuntos del seguro. Era un desastre potencial.

Tonto de mí, en lugar de decir la verdad, traté de ocultarlo. En otras palabras, traté de librarme.

—Por favor —le dije a la enfermera y a los miembros del equipo que estaban allí, sinceramente preocupados—. No se lo digáis a Rob. Estaré bien.

Recuerdo que Terry dijo:

—Creo que se va a dar cuenta, colega. Quiero decir, tienes el dedo roto.

Me volví hacia la mujer. En este punto, estaba desesperado y sudaba muchísimo.

—¿Hay algo que puedas hacer? —supliqué.

Me tomó el pie delicadamente con la palma de la mano.

—Supongo que podría ponerte una tablilla temporal.

—¿De verdad? ¿Funcionará? —pregunté, esperanzado.

Ella me explicó que no había mucho más que pudiera hacerse por un dedo roto. Era probable que los médicos lo hicieran de todos modos, ya que los dedos de los pies son demasiado pequeños para enyesarlos. Dijo que lo más probable era que me recomendasen mucho reposo y hielo. Pero, si necesitaba moverme, quizá podría colocarme una pequeña tablilla, aunque no era muy recomendable.

—¿Tienen que hacerlo en un hospital o puedes hacerlo aquí? —pregunté, e intenté disimular el pánico en mi voz.

Ella asintió.

—Creo que puedo hacerlo aquí. Pero te va a seguir doliendo. Quiero decir, vas a seguir sintiendo que tienes un dedo roto —contestó en un intento de razonar con una persona poco razonable.

—Genial —dije—. ¿Puedes probarlo, por favor?

Inocente como era en aquella época, no comprendí que, al pedirle aquello, probablemente estaba poniendo en juego el trabajo de esa pobre mujer, al igual que el de todos los presentes al pedirles que no dijeran nada. Ni siquiera me di cuenta de que era probable que tuviese que redactar un informe médico falso que, de todos modos, llegaría a producción.

Pero no pensaba correctamente. Estaba dispuesto a probar cualquier cosa en aquel momento. Como la mayoría de los británicos, provenía de un entorno estoico caracterizado por la máxima: «¡El espectáculo debe continuar!». En otras palabras, estaba dispuesto a hacer lo que fuera necesario para volver a poner el espectáculo en marcha. La mujer abrió su enorme bolsa de primeros auxilios y elaboró una tablilla improvisada. Mientras tanto, uno de los asistentes de dirección apareció con un *walkie-talkie* para averiguar que era todo aquel follón y, más importante, para llevarme al set. Traté de convencerlo de que no dijera nada. Como si eso fuera a funcionar con un hombre que llevaba un *walkie-talkie* y cuyo trabajo era informar de cualquier motivo de los retrasos al primer asistente de dirección. Estaba tan cegado por el miedo que involucré a toda esa pobre gente en mi estúpida conspiración para evitar que la persona que más necesitaba saber la verdad la descubriera.

Ahora teníamos otro problema. ¡El pie no entraba en la bota! ¡Genial!

Así que hicimos venir a una asistente de vestuario y le pedimos ayuda.

—Necesito un favor —le dije—. ¿Puedes hacer un agujero en la parte de atrás de la bota de forma que no se vea en la cámara?

Para entonces, una multitud aún más grande se reunió. Si hubiera pensado con claridad, habría sabido, obviamente, que con tanta gente mirando Rob acabaría enterándose de lo que pasaba. Pero, como si fuera un jugador de fútbol que trata de esconder una herida, me centré solo en una cosa: volver al campo.

Incluso intenté autoconvencerme de que funcionaría. He aquí mi lógica demente: con la tablilla sosteniendo el dedo herido y el calcetín cubriendo la tablilla, todo iría bien. El calcetín también era negro, de modo que, si la cámara captaba el agujero de la bota, el brillante vendaje blanco que sostenía la tablilla en su sitio no se vería.

¡Puede que funcione!

Menudo payaso.

Pero mi dedo no estaba de acuerdo. Seguía enviándole más mensajes a mi cerebro. Cosas irritantes como: «¿En serio, tío?», y «¿De verdad?».

Finalmente, fui capaz de meter mi pobre pie hinchado y hecho un desastre en la bota modificada. Aun así, la maniobra fue increíblemente dolorosa. Pero me había engañado a mí mismo al creer que una vez estuviera puesta y me levantara, todo iría bien.

Evidentemente, estaba equivocado.

Tan pronto como intenté dar un paso, quedó claro que, incluso con mi firme determinación, no engañaba a nadie, menos aún a mí mismo. No sería capaz de caminar sin cojear, menos aún correr o librar un duelo de espadas.

«Tendré que fingir», pensé. El asistente de dirección me ayudó a cojear hasta la furgoneta y me llevaron por el largo barranco hasta el set. Fue, tal vez, el trayecto más largo que he hecho nunca. Todos estaban en silencio. Probablemente pensaran: «Este pobre actor se engaña a sí mismo, ha perdido la cabeza, ¡pobre diablo!».

En el mismo momento en que llegamos, forcé la expresión más valiente que pude, salté de la furgoneta y caminé directo hacia Rob como si no pasara nada. Tragándome el dolor a lo largo de todo el camino.

—¡Eh, Cary! ¿Cómo estás, amigo? —me dijo con una gran sonrisa.

Me quedé petrificado por un nanosegundo.

¿Se lo habrían dicho ya? ¿Sería aquel mi último día en la película? Oh, por favor, dime que no…

—Bien, gracias —contesté a la vez que rezaba por que mi cara, que, aunque yo no lo sabía, ya estaba empapada de sudor, no delatara el esfuerzo.

—¿Todo bien? ¿Hay algún problema? ¿Te encuentras bien?

—Sí. Claro.

Mi cerebro recibió otro «mensaje del dedo»: ¿Hola? ¿Hay alguien en casa?

Rob esbozó una sonrisa que solo él puede ofrecer. Era una sonrisa grande, con la boca cerrada.

—Entonces…, ¿cuándo ibas a decírmelo?

—¿Decirte qué? —tartamudeé; aquella fue posiblemente la peor actuación de toda mi carrera.

Rob se limitó a seguir sonriendo. Veía que no se lo creía. Creo que incluso asintió un poco. El tipo de gesto que dice: «Sí, claro».

Al final, no pude continuar fingiendo.

—Lo siento muchísimo, Rob. No sé en qué estaba pensando.

Me miró profundamente a los ojos y habló.

—No te preocupes, Cary —contestó—. Pero puedes contarme estas cosas, ¿vale? Estamos juntos en esto.

Parecía dolido porque hubiera intentado mentirle. Y tenía razón. Me sentí como un imbécil. Le expliqué la razón detrás de mi secretismo. Que estaba avergonzado, pero también preocupado de que se viera obligado a detener la producción. O tal vez peor…

—Pensé que tal vez me despedirías.

Ese comentario pareció dolerle más.

—¿Estás loco? ¿Por qué iba a hacerlo? Eres perfecto para el papel.

—No lo sé. Me siento como un completo imbécil. Por favor, perdóname.

—No te preocupes. —Entonces miró la bota, tan obvia y desesperadamente improvisada.

—¿Puedes caminar?

—Sí.

—¿Puedes correr?

—No lo sé. La verdad es que todavía no lo he intentado. Pero haré todo lo que pueda.

—Vale, bueno, si hace falta, nos adaptaremos. Pero no tengas miedo de contarme nada. Estaría más enfadado si no lo hubieras hecho, ¿vale?

Asentí tímidamente.

—Vale.

Me abrazó, y sentí su amor y su apoyo sinceros. Qué buena persona era. No podía creerme que hubiera sido tan tonto como para intentar escondérselo. Pero cuando eres joven, a veces haces tonterías. Como intentar exhibir tu falta de habilidades sobre un *quad* ante un equipo ligeramente perplejo.

Aprendí un par de lecciones valiosas ese día, lecciones que me han acompañado durante toda mi vida y mi carrera. Primero, nunca pruebes un nuevo deporte en un set de cine a menos que el papel lo requiera y estés debidamente supervisado. (Eso sí, una cosa es segura, no pienso volver subirme en un *quad*. En segundo lugar, debes ser siempre sincero, no solo con tu director, sino con todo el mundo. La verdad siempre es más sencilla.

El hecho es que no todos los directores habrían reaccionado de forma tan tranquila como Rob. Cuando terminamos de rodar ese día, tuvimos otra charla. Una en la que Rob me dejó claro que, aunque no estaba enfadado conmigo, quería asegurarse de que entendía las consecuencias de mis actos.

Fue un discurso paternal sobre la responsabilidad y la prudencia. Me explicó que yo aparecía en prácticamente todas las escenas de la película. Aún teníamos que rodar extensas y complicadas secuencias de esgrima. Había mucho que dependía de mi salud y de que lo hiciera bien.

Al echar la vista atrás, creo que esa era, con razón, su mayor preocupación: que mi pie no se curara a tiempo para rodar el duelo. No lo olvidéis: nos habíamos comprometido a hacerlo sin dobles. En muchos casos, puedes encontrar una alternativa cuando un actor se lesiona. Pero cuando llegara el momento en que Westley se pusiera en guardia frente a Íñigo, Mandy y yo estaríamos solos. Y se esperaba que ambos diéramos lo mejor de nosotros.

—Te lo agradezco, Rob —le dije—. Para entonces estaré listo. Lo prometo.

—Vale, bien. Tu salud siempre es más importante que una película, ¡siempre! —contestó Rob—. Ya deberías saberlo. Pero necesitamos estar al tanto de lo que ocurre en todo momento.

Sin embargo, la verdad era más rebuscada. Lo cierto es que no tenía ni idea de si mi dedo se curaría a tiempo o no. Lo único que sabía en ese instante era que estaba enormemente arrepentido y avergonzado. Y que el dedo me dolía muchísimo.

Justo después de acabar de rodar ese día, me llevaron derecho al hospital local, donde me hicieron una radiografía de verdad y un examen completo; los resultados confirmaron la evaluación preliminar. Efectivamente, me había roto el dedo gordo del pie izquierdo, que se había doblado hacia abajo del todo cuando se me quedó atrapado entre el pedal del embrague y la roca. El médico me quitó la tablilla improvisada y colocó una nueva, más pequeña. Dijo que me dolería durante un tiempo, pero no había mucho más que pudiera hacerse

Humperdinck y su secuaz, el conde Rugen. Una hora después de que se tomaran estas imágenes, yo estaría en el hospital. Burnham Beeches, Buckinghamshire, 31 de octubre.

ROB REINER

Descubrí que Cary se había roto el dedo porque alguien me dijo: «Verás que Cary no puede andar demasiado bien». Cojeaba, claramente dolorido, pero no interfería en su interpretación. Quiero decir, no tenía que hacer nada físico en ese momento, pero si miras atentamente la película, cuando está en la cima de la montaña con Robin, antes de que ella lo empuje cuesta abajo, está esa escena en la que se sienta y se apoya en un tronco. Se ve la manera en que lo hace, con la pierna extendida, ya que no quería apoyar nada de peso. Y cuando lo hizo pensé: «¡Guau! Qué manera tan elegante de sentarse». No comprendí que simplemente no podía apoyar el pie.

ANDY SCHEINMAN

Es muy divertido porque ahora, cada vez que veo esa escena, me resulta desternillante. Cary solo intenta proteger el dedo del pie roto. Y la primera vez que lo vi, pensé: «Es genial». ¿Sabes? Ese es el tipo de cosas que recuerdas. Cuando la veo a día de hoy, en lo único en que puedo pensar es en el dedo dolorido de Cary, nada sobre la escena.

para acelerar el proceso de curación. El mejor tratamiento era que hiciera reposo. He ahí un doctor diciéndole a un hombre adulto vestido del Zorro que hiciera reposo.

¡Madre mía!

En el mejor de los casos, cabía la posibilidad de que, aunque todavía me doliera, al menos, pudiera moverme sin cojear demasiado en unas dos o tres semanas. Conocía el calendario bastante bien a esas alturas. El duelo de espadas no estaba programado hasta noviembre, así que supuse que tendría tiempo de curarme y ponerme a punto para la parte más física de la película. Hasta ese momento, debería fingir en las escenas en que tenía que correr o saltar. Y confiar en la magia del cine para que ocultara la gravedad de mi lesión.

Pero mentiría si dijera que no estuve completamente atormentado por la culpa y la ansiedad debido al asunto. Llevábamos seis semanas de producción. Habíamos avanzado, pero no tanto como para que sintiera que no podía ser o no sería reemplazado, a pesar de que Rob hubiera dicho lo contrario.

Durante los días siguientes tuvimos que buscar la manera de ejecutar la escena de la revelación entre Westley y Buttercup, pese a que el dedo roto limitara mis movimientos. No al estilo de *Misery*, gracias a Dios, pero sí bastante. Dado que se trataba de una película de Hollywood, gran parte de esto se consiguió con trampa y cartón, como se dice. Rodamos la escena en la cima de la colina en la que el hombre de negro se burla de Buttercup por su amor hacia Westley y entonces la secuencia donde ambos ruedan cuesta abajo mientras Westley grita «como desees», cosa que se grabó en posproducción. Una escena que, por suerte, había sido planeada para nuestros dobles, Andy y Sue. Robin y yo ocupamos nuestro lugar al fondo del barranco, donde Buttercup y Westley se reúnen de nuevo, aparentemente ilesos después de rodar varios cientos de metros por una pendiente empinada llena de rocas y otros obstáculos. Debería señalar que a esas alturas el hombre de negro ya no es el hombre de negro, pues la máscara se le ha caído. Vuelve a ser Westley.

—¿Puedes moverte? —pregunta Westley.

Una pregunta interesante, ya que yo mismo apenas podía.

—¿Moverme? Estás vivo…, si lo quisieras podría volar —contesta Buttercup.

Durante esta secuencia, si miráis con atención, se ve mi pierna colocada de manera rara justo antes del momento en que Westley se acerca gateando hasta Buttercup. No es ningún accidente. Soy yo intentando encontrar una posición cómoda para mi pobre pie, que estaba muy hinchado.

Momentos más tarde, Westley y Buttercup se levantan y corren hacia el Pantano de Fuego, con la aparente esperanza suicida de esquivar a los soldados del príncipe Humperdinck.

De nuevo, si observáis con atención, se ve claramente que mi personaje da pequeños saltitos al caminar. Mis disculpas.

Hice todo cuanto pude para ocultarlo, pero ese paso extraño fue lo mejor que pude conseguir. Por suerte, ya que Robin y yo teníamos que correr juntos cogidos de la mano, me autoconvencí de que se veía apropiadamente torpe.

Huir, después de todo, rara vez es un ejercicio elegante.

Y, por desgracia, tampoco lo es la esgrima cuando apenas puedes caminar. Sin embargo, solo se me permitió un pequeño indulto en el entrenamiento. Peter y Bob vinieron a verme a la mañana siguiente del accidente y me preguntaron cómo me encontraba, pero solo expresaron un poquito de compasión (que, a decir verdad, era todo lo que merecía). Entonces, me sugirieron que regresara al entrenamiento al día siguiente. Cosa que hice. Esos dos nunca perdían el tiempo. Ya estaban bastante preocupados por no tener suficiente tiempo para entrenarnos a Mandy y a mí adecuadamente como para cumplir las exigencias del guion y el calendario. Si no podíamos representar de manera convincente a dos hombres capaces de batirse en un duelo de espadas épico, entonces parte de la responsabilidad sería suya. La palabra «fracaso» no estaba en su vocabulario. Ni tampoco «excusa».

—¿Puedes mover los brazos? —me preguntó Bob.

—Sí.

—Bien, entonces puedes entrenar. No te preocupes por los pies —dijo—. Solo practicaremos de cintura para arriba. Los movimientos de los brazos son la clave, de todos modos. Al final eso es lo que el público verá.

Así que, durante las siguientes semanas, me entrené sin desplazarme, repasando la secuencia del duelo sin mover los pies o haciéndolo muy lenta y cuidadosamente. Lo cierto es que demostró ser un método efectivo, casi como el ejercicio con máquinas: al centrarme en los movimientos del brazo, comprendí en mayor profundidad la coreografía con la espada de la pelea. Podría decirse que fue una ventaja no planeada.

Sufrí una lesión menor alrededor de un mes más tarde, en el bosque de Burnham Breeches, en Buckinghamshire, no mucho después de que el dolor del pie hubiera, por fin, empezado a remitir. Estábamos rodando la escena en que Buttercup y Westley, después de haber sobrevivido al Pantano de Fuego, se encuentran exhaustos y sucios, y sufren una emboscada por parte de Humperdinck, Rugen y muchos soldados florineses armados con ballestas. Cuando se hace evidente que no hay posibilidades de escapar, Buttercup negocia la libertad de Westley a cambio de acceder a regresar con Humperdinck y convertirse en su esposa, una afirmación que sorprende tanto al príncipe como a Westley. Humperdinck acepta, pero en realidad es un engaño, ya que no tiene intención alguna de cumplir con su parte del trato. Antes de marcharse con Buttercup, le dice en voz baja al conde Rugen: «Cuando estemos fuera de la vista, arrójale a la Fosa de la Desesperación».

El personaje de Rugen, creado por Goldman interpretado a las mil maravillas por Chris Guest, es deliciosamente malévolo, con un brillo maligno en la mirada y un gusto por repartir dolor y castigo al estilo de la Inquisición. Sin duda, es una figura amenazante, y la alegría con que acepta las órdenes de Humperdinck resulta graciosa a la vez que aborrecible cuando repite el falso juramento de Humperdinck a Buttercup:

—¡Juro que así se hará!

Momentos después de que Humperdinck se marche con Buttercup, Westley se fija en el extraño guante que lleva Rugen.

—Tenéis seis dedos en la mano derecha —dice Westley—. Alguien os está buscando.

Pero antes de que acabe la frase, Rugen lo interrumpe golpeándolo en la cabeza con el mango de su espada, y lo deja inconsciente.

Sé que he dicho esto sobre todo el reparto, pero es cierto: Chris Guest es una de las personas más amables que conoceréis jamás. También es una de las más divertidas. Solo hace falta ver su trabajo antes y tras *La princesa prometida* para saberlo. *This Is Spinal Tap, El experto, Very Important Perros, Un poderoso viento* y *Nominados,* por nombrar algunas. Con solo mirarlo a la cara ya me parto de risa. El hombre es un genio de la comedia. Lo que hace aún más impresionante su interpretación del conde Tyron Rugen. De todos los actores que participan en *La princesa prometida*, diría que Chris es el que tenía menos en común con su personaje. Aunque sea irónico, solo tiene una frase divertida en toda la película, cuando dice a Humperdinck: «Debéis descansar. Si no gozáis de salud, no tendréis nada».

Rugen es, básicamente, un sádico. Chris, por otra parte, no haría daño ni a una mosca, es un tipo realmente amable. Así que, cuando llegó el momento de interpretar esa escena en particular, estaba preocupado de tocarme siquiera con la espada porque era de verdad. No había ningún «doble» de goma a mano para grabar esa escena. Era una auténtica arma de metal, densa y pesada. Como resultado, durante las primeras tomas, era evidente que Chris se contenía; apenas notaba el pequeño golpe del mango en la cabeza, cosa que complicaba que reaccionara apropiadamente. Lo probamos unas cuantas veces, pero nuestro cámara, Shaun O'Dell, le dijo a Rob que se veía que la espada no me tocaba la cabeza y que yo reaccionaba demasiado pronto o demasiado tarde. Fue entonces cuando cometí un error de juicio fatal al abrir mi bocaza y soltar una sugerencia estúpida. Una de la que me arrepentiría.

—Mira, Chris —dije—, ¿por qué no me das directamente un golpe suave en la cabeza? Solo lo bastante fuerte. Así, creo que sabré reaccionar en el momento justo.

Era comprensible que Chris se mostrase reacio al principio. Al igual que Peter Diamond, que estaba cerca para coordinar la escena. Pero finalmente se decidió, después de un par de ensayos, que podía golpearme con un poco de fuerza; lo suficiente para ayudarme a «crear la ilusión». Así que empezamos a rodar...

—¡Rodando!

—¡Sonido!

—Ciento cuarenta. ¡Toma cinco! —¡Clac! Sonó la claqueta.

Chris descargó la pesada espada sobre mi cabeza. Pero, por capricho del destino, aterrizó con un poco más de fuerza de lo que ninguno de nosotros había anticipado. Y eso, amigos, es lo último que recuerdo del rodaje de aquel día. En las acotaciones del guion de Bill, al final de esta escena dice:

Fundido en negro. En la oscuridad, sonidos aterradores.

Que es precisamente lo que pasó.

Me desperté en la sala de urgencias, todavía con la ropa de Westley mientras oía el terrorífico sonido de los puntos que me estaban cosiendo en la cabeza. A manos del mismo doctor, por increíble que parezca, que me había tratado hacía solo unas semanas el dedo del pie roto. Al volver en mí, recuerdo que me dijo:

—¡Vaya, Zorro! Parece que eres un poco propenso a los accidentes, ¿no?

Y, por supuesto, Chris se sentía fatal, aunque yo no dejaba de repetirle que no era culpa suya. Fue mi estúpida idea. Pero ¿sabéis qué? Esa escena en particular es la que acabó en la película. Así que cuando veis a Westley caer al suelo y perder el conocimiento, no es interpretación. Es un actor demasiado entusiasta perdiendo el conocimiento de verdad.

Al día siguiente, en el plató, el reparto y el equipo se desvivieron para asegurarse de que estaba bien. No estoy seguro de si me admiraban por sufrir por mi arte o si me consideraban un tarado, dado que literalmente le había pedido a otro actor que me golpeara con una auténtica espada medieval. Lo que sé es que sentía que formaba parte de una familia muy grande y diversa, aunque yo mismo fuera una incorporación un tanto torpe y propensa a los accidentes.

El 26 de octubre de 1986 rodamos parte de la secuencia en que el hombre de negro escala los falsos Acantilados de la Locura, otra vez en el escenario C de los estudios Shepperton.

Cuando terminamos aquel día, me dirigí al camerino y comencé el proceso de transformarme otra vez de Westley en Cary. Me lavé la cara, me vestí con ropa normal, recogí la bolsa del guion y me preparé para ir a casa.

CHRISTOPHER GUEST

Las escenas de riesgo en una película que incluyen contacto con armas o puños requieren una cierta técnica para rodarlas. Como cuando Mandy me corta la cara con la espada en nuestro duelo: dependiendo del ángulo de la cámara podíamos fingirlo; cuando estábamos rodando hacia él por encima de mi hombro, se veía la espada yendo hacia la cámara. Pero cuando rodamos desde el ángulo inverso, la espada realmente no estaba cerca de mi cara, aunque parecía que sí debido a ese ángulo en concreto. Es un simple truco. Es como cuando la gente se da puñetazos en las películas, el actor se aparta de la cámara, cosa que ayuda a «crear la ilusión». Este caso era bastante diferente, porque no había forma de hacerlo. No había lugar para que Cary se apartara, pues el mango de la espada caía directo sobre su cabeza.

Normalmente me gusta escuchar música mientras me relajo después de un día de trabajo. Y cuando Rob me dijo que Mark Knopfler había accedido a poner la banda sonora a la película, escuché *Brothers in Arms,* de Dire Straits, que había salido el año anterior. Reproduje el álbum una y otra vez. En concreto, la canción que le daba título. Rob me dijo que Knopfler solo hizo una petición antes de aceptar el trabajo: que Rob tenía que encontrar una forma de colocar en algún lugar de la película la gorra de béisbol del USS *Coral Sea* de Marty DiBergi en *Spinal Tap.* Claramente, Tom Petty y Sting no eran las únicas estrellas de *rock* que tenían un lugar especial en sus corazones para los falsos documentales. Para aquellos de vosotros que no la habéis visto, la gorra está en una estantería en la habitación de Fred Savage.

Según el texto de la caratula del álbum de *La princesa prometida,* Knopfler manifestó que «lo de la gorra solo era una broma». Pero Rob es la clase de hombre al que le encantan los retos. Especialmente los divertidos.

Justo cuando salía de mi camerino vestido con ropa normal después de apagar la casetera (después de todo, eran los ochenta), uno de los asistentes de dirección corrió hacia mí.

CHRISTOPHER GUEST

Cary se hizo daño. Creo que le hice un corte en la cabeza con el mango de la espada. No estoy seguro de si era una espada de verdad o no. Puede que fuera, una espada de verdad. Pero sea como fuera los mangos eran reales, aunque las hojas no estuviesen afiladas. ¡Básicamente, le pegué de verdad!

—Cary, lo siento —dijo sin aliento—. Te necesitan otra vez en el plató.

—Vaya. Creía que habíamos acabado por hoy.

—Necesitan hacer una toma más, y tiene que ser rápido. ¿Puedes volver a vestirte?

—Vale. Pero diles que voy a tardar un poco —dije—, porque tengo que volver a maquillarme.

El asistente de dirección continuó sin aliento:

—Rob dice que no te preocupes por eso. Es un plano general, así que nadie se dará cuenta. Solo necesitan que te vistas.

Aquello sonaba un poco extraño, pero no inusual. En una película es algo poco habitual, pero no fuera de lo común, que el director vuelva a llamarte al darse cuenta de repente que necesita otra toma. A veces, incluso después de que hayas vuelto

ROB REINER

Tenía un buen amigo llamado Bobby Colomby, un productor musical y un hombre muy guay que había sido batería de Blood, Sweat & Tears. Así que le dije: «Quiero darle un giro a esto, ¿sabes? Quiero una banda sonora tradicional, pero también quiero que tenga un aire moderno». Y fue él quien sugirió a Mark Knopfler. Sabía que Mark había hecho la banda sonora de Un tipo genial, así que dije: «Vaya, eso sería genial porque tiene un sonido de guitarra muy característico». Mark contestó que solo lo haría si ponía la gorra que yo había llevado en Spinal Tap en algún lugar del decorado. Así que si miras con detenimiento en las escenas en las que Peter Falk está leyendo el libro, la verás al fondo.

a tu hotel. Así que volví al camerino, me puse el disfraz, agarré la máscara, la espada y los guantes, y me dirigí al plató con el asistente de dirección.

Cuando entré en el plató, lo primero que noté era que no había un ritmo frenético. Todo el mundo estaba paseando. No estaban trabajando. Solo estaban allí, de pie…, como si estuvieran esperando.

Entonces, todo el mundo se volvió hacia mí, y revelaron lo que en realidad estaban escondiendo: un enorme pastel con el «hombre de negro» hecho de glaseado y velas encendidas. Todos sonrieron y gritaron:

—¡SORPRESA!

Y me cantaron el *Cumpleaños feliz*.

Juro que había olvidado que era mi cumpleaños. Me quedé en silencio, asimilándolo todo. Por un momento, pensé que iba a llorar de la emoción mientras cantaban. En lugar de eso, me reí. Acababa de cumplir veinticuatro años y aquel era el último mes del que posiblemente sería el rodaje más importante de toda mi carrera. No podría haberme sentido más feliz o más como en casa.

Ꮼ 11 Ꮼ

EL MAYOR DUELO DE ESPADAS
DE LA ÉPOCA MODERNA

A menudo me preguntan cuál es mi escena favorita de la película, pero es difícil escoger solo una, ya que eso significaría comparar la importancia de una escena con otra, o declarar que un momento de la película tiene mayor significado o supone un mayor logro que el resto. Y la verdad es que disfruté de todo el proceso. Desde el principio de la preproducción, se nos dejó claro a todos (y en particular a Mandy y a mí) que el elegante duelo de espadas estaría entre las partes más memorables de la película. Es más, aspiraríamos, al menos, a algo casi legendario.

Y estaba escrito exactamente así en el guion de Goldman: en mayúsculas, en negrita y subrayado dos veces por si había alguna duda. Las expectativas eran muy altas. Si lográbamos o no alcanzar dicha meta dependía, en su gran mayoría, de nosotros dos y del nivel al que estábamos dispuestos a entrenar y estudiar con Bob y Peter. Debería señalar que Chris Guest también tenía que entrenar y ensayar para el encuentro final de Rugen con Íñigo. Y, aunque esa pelea es mucho más corta y unilateral y, tal vez, el entrenamiento fue menos intenso en el caso de Chris, para Mandy significaba entrenar el doble.

Chris dijo que Mandy estaba muy animado durante el ensayo y que, de hecho, lo había golpeado con la espada por error. Después del accidente, Chris le dijo a Peter que iba a tirar por la borda todo lo que habían aprendido y que, cuando las cámaras empezaran a rodar, intentaría defenderse.

Chris quería que Rugen dejase escapar una pequeña flatulencia producto del temor antes de huir de Montoya. Salón de banquetes, palacio de Penshurst Place, Kent, 26 de noviembre.

En cuanto a Mandy y a mí, gracias al entrenamiento básico y los primeros meses de rodaje, nos sentíamos razonablemente cómodos con nuestro progreso, a pesar de mi dedo lesionado. Habíamos invertido el tiempo, aunque nunca fue un problema: Bob y Peter se aseguraron de ello y rellenaron cada segundo libre con entrenamientos. Nuestro trabajo era perfilar los detalles de la pelea y crear un duelo cuyo carácter físico estuviera a la altura de la brillantez de las palabras que lo acompañaban.

A mediados de octubre, recibimos nuestra primera crítica mientras yo filmaba una escena con el gran e infravalorado Mel Smith. Para aquellos de vosotros que no lo recuerden, Mel interpreta al jubiloso albino que prepara a Westley para su sesión de tortura en la Fosa de la Desesperación.

Sería un descuidado si no dijera algunas palabras sobre Mel, que era otro de mis cómicos favoritos de pequeño y que tristemente ya ha fallecido. Desde principios hasta mediados

Supuso mucho trabajo para quienes nunca habíamos hecho aquello. Y yo nunca lo había hecho, así que prepararme me llevó mucho tiempo. Entrenábamos con hojas de fibra de carbono porque son más livianas. No se usan espadas con hojas de metal de verdad, ya que pesan demasiado. Y luego, añaden el sonido. De hecho, en los ensayos con Mandy, este me golpeó en el muslo y la punta se me clavó en la pierna. Pensé: «Oh, vaya, esto duele». Después de aquello, lo abordé como si me estuviera defendiendo de verdad. Es extraño. Tuvimos nuestro duelo de espadas en ese castillo del siglo XI, que realmente era como el sueño de un niño; estábamos disfrazados y luchando con espadas en un lugar en el que probablemente tuvo lugar un duelo de espadas hace quinientos años. Y yo hacía los ruidos mientras peleábamos. Los ruidos que harían las espadas, como cuando eres niño («chas, chas») y Rob gritó: «¡Corten!». Yo dije: «¿Qué? ¿Qué pasa?», y él contestó: «Chris, vamos a añadir el sonido luego». Eso provocó una buena carcajada. Toda la sala rompió a reír, pero un niño habría hecho justo eso.

de los ochenta, Mel, su compañero, Griff Rhys Jones, y Rowan Atkinson protagonizaron juntos un programa británico de comedia de escenas cómicas llamado *Estas no son las noticias de las nueve.*

Era un maravilloso comediante y actor de improvisación, y, al igual que Billy, aprovechó la oportunidad de embellecer el pequeño papel y convertirlo en algo inolvidable. Aunque no se parecía en nada a su personaje, fue una elección perfecta. Con su enorme peluca blanca, los ojos inyectados en sangre, la inmensa calentura y una actitud encantadoramente fantasiosa, supuestamente contraria al horrible trabajo que estaba a punto de llevar a cabo, realmente era la personificación del albino. Y cuando me enteré de que formaría parte del reparto, estaba entusiasmado.

—¿Tenemos a Mel Smith? —le dije a Rob—. Me tomas el pelo. ¡Es genial!

Creo que, siendo Chris Guest el increíble experto en comedia que es, era el único otro miembro del reparto que realmente sabía quién era Mel. Nos llevó todo el día filmar las escenas en la Fosa de la Desesperación porque, igual que en las escenas donde salía Billy, me resultaba complicado mantener la compostura. Hay algo absurdo en el hecho de estar tumbado bocarriba con unas copas de succión pegadas a los pezones, mirando a Chris Guest y Mel Smith, mientras finges soportar un dolor mordaz atado a una enorme «máquina succionavida». Tanto Rob como yo perdimos la compostura en la primera toma cuando Mel, de forma inesperada, hizo todo aquello en la escalera al perder el equilibrio. ¿Y el momento en el que tose y carraspea? Madre mía. Al final, creo que tuve que volverme durante su diálogo fuera de cámara porque no podía mirarlo a la cara sin reírme.

Mel Smith, André, que trata de
ayudarlo a recordar, y Mandy.

Como el personaje de Íñigo no era necesario para la escena de la Fosa de la Desesperación, Mandy pasó la mayor parte de la mañana entrenando con Bob y Peter entre tomas. A la hora del almuerzo, nos acercamos al escenario de los Acantilados de la Locura, donde tendría lugar el duelo, para hacerles una demostración a Rob y Andy. Tras unos estiramientos y algunos apuntes en el último momento de Bob y Peter, Mandy y yo representamos el duelo para la pequeña multitud que se había reunido, incluidos algunos de los jefes de departamento y productores.

Pensé que había ido bastante bien, y cuando acabamos, Mandy y yo, ambos cubiertos en sudor, recibimos un muy cortés aplauso de todos los presentes. Recuerdo estar allí con la espada colgando a un costado y el pecho todavía agitado por el esfuerzo. Todos parecían satisfechos, incluidos Bob y Peter. Rob, no obstante, tenía una expresión que no era de descontento, pero tampoco de total aprobación. Su rostro estaba un tanto inexpresivo. Caminó hacia nosotros mientras se rascaba la barba y perdido en sus pensamientos. Entonces, levantó la vista y preguntó:

—¿Eso es todo?

Miré a Mandy, y él a mí. Ambos observamos a Bob y a Peter. Hubo un largo segundo de silencio antes de que yo respondiera:

—Sí, esto es todo.

No era exactamente la respuesta que habíamos previsto, y estoy seguro de que estaréis de acuerdo. Mandy y yo habíamos pasado tantas horas practicando y perfeccionando el duelo, planeando todos y cada uno de los pasos de la coreografía, cada estocada y bloqueo de la pelea, que ahora podíamos representarlo no solo con total fluidez, sino también de manera impecable sin ni siquiera pensarlo. Creíamos que ese era el objetivo. Y lo era, hasta cierto punto. Pero había algo que no habíamos considerado. Al dominar la secuencia, también la habíamos acortado. Un duelo que en agosto duraba de cuatro a cinco minutos, ahora era considerablemente más corto.

—¿Cuánto tiempo ha durado? —preguntó Rob a nuestra continuista, Ceri Evans. Ella se acercó con un cronometro.

—Un minuto y veintitrés segundos —informó.

Rob sacudió la cabeza solemnemente.

—No es lo bastante largo. Se supone que es el Mayor Duelo de Espadas de la Época Moderna, pero se acaba demasiado rápido.

—¿Qué hacemos? —pregunté.

Rob se encogió de hombros.

—Marchaos y añadid más cosas. Mirad este hermoso escenario. Hemos gastado una gran cantidad de dinero y lo hemos construido para vosotros. No podemos estar aquí solo un minuto.

Bob Anderson le explicó que habíamos usado prácticamente todas las partes del escenario y que si añadíamos algo más, tendríamos que usar alguna de las partes ya utilizadas. Entonces, Rob se volvió hacia Norman Garwood, que estaba cerca.

—Norman, ¿hay alguna posibilidad de que puedas construir las ruinas de una torre con unos escalones por allí? Podrían subir las escaleras y jugar ahí arriba. Y podríamos volverlos a traer a nivel del suelo para finalizar el combate.

Hizo una pausa. Norman asintió.

—Sí, creo que sí —respondió.

Para Norman, nada suponía demasiado trabajo.

—Genial. —Rob se volvió de nuevo hacia nosotros—. Vosotros volved ahí y hacedlo más largo y mejor. Necesitamos que dure, al menos, tres minutos, ¿vale?

Bob, Peter, Mandy y yo asentimos como estudiantes que han conseguido un aprobado decente de su profesor, pero que quieren la nota más alta posible. Como equipo, aspirábamos a un 11 de 10. Como el amplificador de Nigel Tufnel.

En una reunión posterior con Peter, Bob, y Mandy, propuse que nos hiciéramos con todas las películas de espadachines disponibles en vídeo, incluidas las que ya habíamos visto, y que las viéramos otra vez para encontrar lo que necesitábamos. Películas como *El temible burlón*, *El signo del Zorro*, *El capitán Blood*, *El pirata negro*, *El burlador de Castilla*, *El conde de Montecristo*, *Los tres mosqueteros*, *La pimpinela escarlata*, *El halcón de los mares*, *El prisionero de Zenda*, *Scaramouche*, etc. Y lo hicimos. Adelantábamos las cintas hasta las escenas de pelea y las estudiábamos en detalle para intentar detectar cualquier cosa en la que pudiéramos inspirarnos o mejorar.

Descubrimos que *Scaramouche*, protagonizada por Stewart Granger y Mel Ferrer, presentaba el duelo de espadas más largo y complicado de la historia del cine. Así que «¡Vamos a ganar a *Scaramouche*!» se convirtió en nuestro grito de guerra. Sin duda, no lo hicimos en lo que respecta al tiempo (el duelo de la película duraba seis minutos, y sabíamos que no podíamos superarlo), pero queríamos que, al menos, el nuestro, fuera más memorable. Con este fin, añadimos todo tipo de cosas extras, como subir por las escaleras de las ruinas del castillo, como Rob había sugerido, y casi tirar una roca enorme. Entonces incluimos algunas acrobacias, donde tiramos nuestras espadas al suelo, damos vueltas en una barra alta, y aterrizamos perfectamente. Como es evidente, eso implicaría el uso de un doble de acción, que resultó ser un consumado gimnasta llamado Jeff Davis. Y ya que esa escena en particular no incluía esgrima, servía. En principio, Jeff iba a hacer el mismo giro para Westley que para Íñigo. Le pregunté si para mi personaje podía hacer uno doble. A Rob le encantó la idea y Jeff lo ejecutó a la perfección en cada toma. También añadimos una parte en la que Mandy y yo saltamos sobre unas rocas con la

ayuda de un pequeño trampolín, y un salto mortal para Íñigo sobre mi cabeza, también ejecutado por Jeff. Y una parte en que Mandy pierde la espada durante un momento y luego la agarra en el aire.

Quizá estoy haciendo que esto parezca menos estresante de lo que realmente fue. Lo cierto es que en el momento en que Rob dijo «¿Eso es todo?», creo que puedo hablar también por Mandy cuando digo que me puse un poco nervioso. Habíamos pasado casi tres meses coreografiando una de las mayores escenas de la película y ahora, a apenas unas semanas de rodarla, debíamos volver al punto de partida y añadir casi dos minutos más.

Daba bastante miedo.

Hasta ese momento habíamos rodado y entrenado cinco días por semana, pero ahora Bob y Peter declararon que el sábado ya no sería nuestro día libre.

—Lo siento, chicos —dijo Bob—. Tenemos que hacerlo bien. Y ahora disponemos de menos tiempo todavía.

Así que Mandy y yo seguimos practicando y practicando hasta que planeamos al detalle una secuencia que duraría aproximadamente tres minutos en total, de acuerdo con las instrucciones del director. Fue un poco más duro para mí, ya que el pie izquierdo aún no se me había curado del todo, pero al final sentimos que nos lo sabíamos de cabo a rabo. Para cuando Bob y Peter estuvieron al fin conformes con ello, estábamos listos para rodar.

Empezamos a grabar la escena a las 8.30 de la mañana del lunes 10 de noviembre en el escenario C de los estudios Shepperton, que se había modificado de forma maravillosa para que pareciera un castillo en ruinas en la cima de los Acantilados de la Locura.

Pasé muchos días divertidos mientras rodaba *La princesa prometida,* pero este, fue, quizá, el más memorable. Se notaba la magia en el set. Había una sensación palpable de emoción y tensión sana.

Mientras Mandy y yo calentábamos y repasábamos la coreografía básica con Bob y Peter, el plató se llenó de espectadores. Normalmente solo se le permite mirar al personal requerido para una determinada escena, pero parecía que todo el mundo quería vernos rodar el duelo. Juro que vi al aparcacoches del estudio de pie al fondo del set con los brazos cruzados, como diciendo: «Entretenedme». Incluso Bill Goldman voló de nuevo desde Nueva York para verlo con sus propios ojos, como si no tuviéramos suficiente presión.

Admitiré que sentía mariposas en el estómago, pero eran de las buenas, como las que sientes cuando estás emocionado, no cuando piensas en fracasar. De hecho, creo que Mandy y yo estábamos tan bien preparados para ese momento que nos moríamos de ganas de empezar.

WALLACE SHAWN
Los duelos requerían una disciplina y un trabajo inmensos, y la verdad es que lo consiguieron. Tengo que decir que quedé impresionado.

221

ROB REINER

Cary y Mandy tuvieron que aprender esgrima con la izquierda y con la derecha, y queríamos asegurarnos de que podíamos diseñar una secuencia de esgrima asombrosa. Así que, cuando finalmente nos pusimos manos a la obra, estaba tan orgulloso de ambos —es decir, Mandy había empezado a trabajar en ello incluso antes de que fuéramos a Londres; creo que estuvo trabajando en ello durante cuatro meses, y Cary se preparó durante solo dos meses—, y estoy muy orgulloso del hecho de que sean ellos dos quienes aparecen en los fotogramas del duelo. No hay dobles, excepto en las acrobacias, cuando giran en la barra. Son ellos dos quienes blanden la espada. Con la izquierda y con la derecha. Es de los mejores duelos de espadas de la historia del cine.

Rob quería pasar directamente a la secuencia de la pelea y guardar la larga conversación entre Íñigo y el hombre de negro que la precede (en la que Íñigo explica su obsesión con atrapar al hombre de seis dedos que mató a su padre) para luego. Comenzamos con las simples frases:

—Parecéis un hombre decente —dice Íñigo mientras los dos hombres se ponen en guardia—. Lamentaré mataros.

—Vos también lo parecéis. Lamentaré morir.

Si observáis con atención, la coreografía de la escena empieza lentamente, con los dos maestros probándose el uno al otro, tanteándose. Pero el duelo escala en ritmo, velocidad e intensidad poco a poco.

—Estáis usando la defensa Bonetti —dice Íñigo, demostrando tanto su conocimiento de la esgrima clásica como la apreciación por su oponente. Sabe que será una partida de ajedrez así como una pelea.

—Es la más conveniente en este terreno —responde Westley con una sonrisa astuta.

La belleza de este duelo, por supuesto, recae en que combina la ejecución de la maestría física y un diálogo brillante. Goldman hace que Westley e Íñigo intercambien observacio-

No solo no soy zurdo, sino que mi pie izquierdo tampoco estaba al cien por cien. Escenario C, Shepperton. 11 de noviembre.

nes gentiles y elogiosas sobre las tácticas y el estilo del oponente, incluso cuando tratan de vencerse el uno al otro. En mi humilde opinión, nunca se ha igualado. Y, tal vez, nunca se haga.

—Sois fabuloso —dice Íñigo en un momento.

—Gracias —responde Westley de forma educada—. He practicado mucho. —(Nunca se ha dicho una frase tan cierta).

Y entonces llega el precioso momento en que Íñigo revela que, de hecho, no es zurdo, y cambia de mano.

—¡Sois asombroso! —reconoce Westley mientras Íñigo lo pone contra una cornisa de piedra medio derruida.

—Es lógico, después de veinte años… —responde Íñigo.

—Debo confesaros una cosa —dice Westley.

—Decidme.

—Que tampoco soy zurdo.

Con esto, Westley se libera y provoca que Íñigo pierda la espada. Entonces, el segundo usa una barra horizontal cercana (y colocada de forma conveniente) para realizar una maniobra de escape acrobática. Westley lo persigue y hace una mejor: después de lanzar su espada con destreza y que esta se clave en el suelo, realiza un doble giro y aterriza perfectamente frente a un sorprendido pero impresionado Íñigo.

—¿Quién sois vos? —dice con sincera curiosidad.

—Eso no viene al caso —contesta el hombre de negro.

—Debo saberlo —insiste Íñigo.

—Lamento no complaceros. —Una de mis frases favoritas de Goldman.

Mandy ofrece entonces una de las mejores respuestas improvisadas para contestar a esa, una especie de «está bien» masculado acompañado de un pequeño encogimiento de hombros, algo muy parecido a lo que haría un español, antes de retomar duelo.

La pelea continúa, hasta que Westley hace saltar la espada de la mano de Íñigo y sostiene la hoja contra la garganta del español.

—Matadme, ¡rápido! —pide Íñigo con orgullo.

Pero Westley tiene otros planes.

—Antes destruiría una vidriera de colores que a un hombre como vos. Sin embargo, no puedo permitir que me sigáis…

Y con eso, Westley usa el mango de la espada para dejar a Íñigo inconsciente. Después de mi percance con Chris, se decidió que esa vez yo caminaría detrás de Mandy y le daría un golpe en la coronilla sin realmente tocarlo. Una manera fácil de «crear la ilusión» ante la cámara, y nadie tendría que ir al hospital. «Solo es un error si no aprendes de ello», como decía mi padre.

Grabamos toda la secuencia del duelo de principio a fin (sin las acrobacias, por supuesto), en una sola toma. Rob lo capturó con dos cámaras, desde diferentes ángulos, y estoy orgulloso de decir que no cometimos ni un solo error. Cuando terminamos, la multitud prorrumpió en un aplauso. Bob y Peter estaban exultantes. Goldman se quedó sin palabras. El único que parecía poco impresionado era mi dedo del pie.

—¡Excelente trabajo, chicos! —dijo Rob—. ¡Fantástico! Ahora hagámoslo otra vez.

Y eso hicimos.

Una y otra y otra vez.

Un día se convirtió en dos. Los dos en tres. Los tres en cuatro. En total, pasamos buena parte de la semana filmando el Mayor Duelo de Espadas de la Época Moderna, cosa que supongo que es apropiado. Rodamos desde el frente, desde atrás, planos generales, primeros planos, desde mi punto de vista, desde el punto de vista de Mandy, etc. En un momento, incluso grabamos diecisiete tomas desde un solo ángulo. Todas buenas. Tras la décima, recuerdo que Rob dijo: «¡Muuuy guay!» con ese tono que lo caracterizaba.

Y entonces, hicimos siete más.

Recuerdo la afinidad que sentí con Mandy a lo largo de esa semana. Si bien es cierto que nos

BILLY CRYSTAL

El duelo de espadas es fantástico. Es una escena muy hermosa y tradicional, en el mejor sentido de la palabra.

llevamos muy bien durante la producción, la verdad es que no socializamos demasiado en el set, ya que pasábamos la mayor parte de nuestro tiempo libre, sino todo, entrenando. Cuando acabábamos con aquello, y después de un largo día de rodaje, lo único que queríamos hacer era volver a casa y remojar nuestros agotados miembros en un baño caliente. Pero durante el rodaje del duelo en sí, me sentí muy cerca de él. Quizá de manera muy similar a como los boxeadores intiman pese a ser adversarios. Nos sentábamos juntos entre tomas, nos manteníamos hidra-

MANDY PATINKIN

Rob quería que se viera a los actores realizando todos los pasos de la secuencia de esgrima. Quería planos de cuerpo entero, a diferencia de lo que se ve en la mayoría de las películas de esgrima, donde se hace desde el punto de vista del actor y solo se ve la mano del otro espadachín fuera de cámara. En la mayoría de películas, esto lo hacía un doble de acción. Pero Rob era inflexible, quería que grabáramos todo el duelo nosotros. Lo que más recuerdo y disfruté en términos de esgrima, fue el hecho de que llegué a ser lo bastante diestro como para improvisar en un instante. En uno de los últimos días de rodaje de la secuencia, mientras subíamos las escaleras, el cambio de la mano izquierda a la derecha no acababa de funcionar frente a la cámara. Me volví hacia Bob Anderson, un hombre maravilloso, descanse en paz, y le hice una sugerencia. Le dije: «Ve a decírselo a Rob». Y él respondió: «Oh, no. No es cosa mía». Yo añadí: «Bob, él no sabe nada sobre esgrima. ¡Tú eres el experto! Tienes que decírselo». Así que Cary y yo fuimos con Bob y Peter y se lo dijimos. Rob se tomó un momento y contestó: «Vale, adelante, arregladlo. ¡Pero hacedlo rápido!». Solo teníamos unos veinte minutos, y volvimos a coreografiar toda la secuencia que habíamos pasado semanas ensayando hasta el último milímetro. Habíamos aprendido los fundamentos de la esgrima tan claramente que Cary y yo, con la guía experta de Bob y Peter, fuimos capaces de rehacer toda la secuencia de las escaleras en menos de media hora. Eso fue, para mí, el momento cumbre de la película, porque habíamos aprendido una técnica y fuimos capaces de aplicarla en un instante. Aquello fue muy emocionante.

MANDY PATINKIN

En un momento, Rob dijo: «Quiero colocar las cámaras en el techo y grabar un par de tomas más. ¿Estáis en condiciones, chicos?». Esto fue después de que hubiéramos pasado varios días peleando, y simplemente nos pusimos a ello como animales salvajes. Repetimos toda la escena sin parar, como en el teatro. Y los únicos momentos dolorosos para mí llegaban cada vez que Rob gritaba: «¡Corten! ¡Es buena!», porque eso significaba que lo habíamos hecho bien y que era posible que no volviéramos a repetir esa parte. Eso me rompía el corazón. No quería que terminara nunca.

tados, nos secábamos el sudor de la cara y las manos con toallas y hablábamos sobre lo que habíamos hecho bien y mal, qué había funcionado y qué no. En general, nos ayudábamos el uno al otro. Repasábamos las cosas que nos habían enseñado: a sostener la hoja correctamente, a doblar las rodillas, a mantenernos flexibles y relajados, etc. Y, lo más importante: a asegurarnos de que siempre estábamos mirando al otro a los ojos.

Si observáis con atención la escena del duelo, veréis que Mandy y yo nos miramos todo el tiempo, telegrafiando el siguiente movimiento o bloqueo, enviándonos señales el uno al otro. Nos lo sabíamos de memoria, era una coreografía muy precisa. Tanto que las señales visuales básicamente adquirieron una función complementaria. No había margen para el error. Bob y Peter no dejaban de advertirnos de que si metíamos la pata no solo arruinaríamos la escena, sino que podíamos herir a nuestro compañero.

Pero diré a nuestro favor que el rodaje del duelo fue limpio, sin nada más que algún golpe o rasguño. Rob grabó la escena que quería con una duración de aproximadamente tres minutos y diez segundos. Una escena que creo que hizo justicia a la descripción que recoge la novela: el Mayor Duelo de Espadas de la Época Moderna.

12

TODAS LAS COSAS BUENAS

Es cierto que en la vida, al igual que en las películas, los mejores momentos a menudo van seguidos por los peores. El día después de que termináramos de rodar la escena del duelo, me tomé un día libre para visitar a mi abuelo enfermo, que estaba en el hospital. Le habían diagnosticado diabetes, pero no fue hasta que llegué que me dijeron que la situación había empeorado.

Algunas personas apenas llegan a conocer a sus abuelos. La gente acepta trabajos en lugares lejanos, las familias se fragmentan y las distintas generaciones pierden, a veces, el rastro las unas de las otras. Esto sucede. Sin embargo, yo fui uno de aquellos niños afortunados que crecieron cerca de sus abuelos y desarrollé una relación especialmente cercana con mi abuelo. Su nombre era Billy McLean, y era un auténtico aventurero, si es que alguna vez ha existido alguno.

No quiero decir que parecía «intrépido» a los ojos de un niño pequeño (aunque desde luego así era). Este hombre era auténtico. Trabajó en el servicio de inteligencia militar para el Gobierno británico y lo enviaron en misiones de incógnito a todo tipo de lugares exóticos y peligrosos tanto durante como después de la Segunda Guerra Mundial. Incluso conoció a Ian Fleming, que estuvo en la inteligencia naval y que posteriormente usó sus experiencias en este campo para crear el personaje de James Bond. Cuando entró en el ejército, Billy formó parte de los Royal Scots Greys (en sus orígenes, un regimiento de caballería escocesa). Así que tenía todas esas maravillosas espadas antiguas de oficiales, que guardaba en una mesa de su estudio. Eran sencillamente preciosas y también supusieron mi introducción a la elegancia casi incongruente de las espadas. Cuando fui lo bastante mayor, mi abuelo me dejaba cogerlas y me imaginaba a mí mismo como un pirata espadachín, entre otras cosas.

Adoraba pasar tiempo con él, escuchándolo rememorar historias épicas de sus aventuras en lugares lejanos, de manera muy parecida a como el personaje de Errol Flynn hace con el pequeño niño indio en la versión cinematográfica de *Kim*, de Rudyard Kipling. Mientras compartía esas historias con tanto amor, me recordaba también a la manera en que Peter Falk, en el papel del abuelo, comparte en nuestra película su pasión por las aventuras con el personaje de Fred Savage, que es el motivo por el que aquellas escenas me llegaron al corazón la primera vez que leí el libro. Seamos sinceros: para un niño, ¿hay algo mejor que tener un abuelo que no solo luchó por su país, sino que además era literalmente un agente secreto? Estoy seguro de que mi abuelo sufriría algunos de los efectos de su servicio en combate, pero nunca lo mencionó. En lugar de eso, compartía conmigo la pasión por las aventuras y por la vida misma.

Mi abuelo era mi auténtico héroe y lo adoraba.

Y él me quería. Le encantaba pasar tiempo conmigo. Cuando se enteró de que había conseguido el papel de Westley en *La princesa prometida*, estaba entusiasmado. Conocía el libro, sabía que era una historia de aventuras y que yo iba a interpretar a un apuesto pirata. Estaba muy orgulloso de mi éxito y tenía muchas ganas de visitarme en el plató para verme trabajar. En especial, quería ver el famoso duelo.

Por desgracia, nunca tuvo la oportunidad, ya que por aquella época enfermó. Cuando lo visité en el hospital apenas estaba lúcido. La edad y la medicación que le habían dado lo habían debilitado. Aun así, mientras estaba sentado a su lado cogiéndole la mano, le conté todo sobre el rodaje y lo divertido que había sido. Sobre André el Gigante. Sobre el duelo de espadas, y cuánto disfrutaría viéndolo en la gran pantalla algún día. Incluso compartí con él lo tonto que había sido y que me había roto el dedo del pie con el *quad*. Entonces, caí en la cuenta. Parecía que los papeles se habían intercambiado. Ahí estaba yo, el nieto, contándole historias de aventuras al abuelo. Cuando acabé, lo besé tiernamente en la mejilla e, incapaz de contener las lágrimas, le dije cuánto lo quería. Me di cuenta de que estaba viviendo mi momento «como desees» con él.

Pareció entender lo que le estaba diciendo. Al menos, eso es lo que me gusta pensar. Por desgracia, falleció en la madrugada del día siguiente, rodeado de su familia y amigos.

Cuando llegué al plató al día siguiente, compartí la noticia con Rob y algunos miembros del reparto y el equipo. Pronto, todo el mundo supo de mi perdida. No podrían haber sido más amables y comprensivos. El día que me marché para asistir al funeral de mi abuelo durante la última semana de noviembre, se suponía que tenía que filmar una escena, un plano general del pirata Roberts saliendo del barco. Pero Rob me dijo que no me preocupara, que debía ir porque «la familia es lo primero».

—No te preocupes, Cary —dijo—. Andy Bradford será tu doble.

Como he dicho, cuando estás en el set de una película, tus compañeros de trabajo pueden convertirse en tu familia.

El 21 de noviembre, rodé mi última escena: el famoso beso al final de la película entre Westley y Buttercup. Fue un día de mucho trabajo, con la hoja de rodaje cargada de *pick-ups,* que rodaríamos en varios escenarios de los estudios Shepperton. Antes del beso, rodamos una escena que no aparece en la película. Era un final alternativo en el que, después de que Peter Falk sale del dormitorio, Fred Savage toma el libro de *La princesa prometida* y empieza a ojear, cuando oye algo al otro lado de la ventana. Se levanta a abrirla y nos encuentra a nosotros cuatro (Robin, Mandy, André y yo) montados en nuestros cuatro sementales grises fuera de la casa, haciéndole señas para que se una a nosotros en nuestra próxima aventura.

Algo similar al concepto detrás de *Los héroes del tiempo,* donde los sueños del niño y la fantasía se hacen realidad.

Íbamos a rodarlo sobre un fondo negro (en aquella época no había pantallas verdes) y me dieron un semental de la raza lipizzano especial para grabar una escena de acción específica. Estos caballos son famosos por hacer trucos y maniobras, y se suponía que yo tenía que hacer que el animal se alzara sobre las patas traseras de manera heroica a través de una señal con los talones de las botas. Practiqué durante semanas con ese caballo entre los entrenamientos de esgrima, hasta que conseguí domarlo y, por suerte, la bella criatura no nos decepcionó cuando rodamos. El adiestrador también nos proporcionó un enorme clydesdale, como el que aparece en los anuncios de Budweiser, para André, ya que era el más grande que encontró. Y tuvieron que construirle una escalerilla para que se subiera al animal. Pero el caballo, a pesar de su tamaño, dio un vistazo a André y se negó a dejar que se le sentara en la espalda. Así que el equipo de escenas de acción, preparados ante este incidente, llevaron un arnés que construyeron para cumplir con los requisitos de André, al darse cuenta de que la única forma de montarlo en el caballo era bajándolo con cuidado desde

ROB REINER

Bueno, teníamos que grabar esta escena en la que iban los cuatro a caballo, y estarían suspendidos en el aire, así que lo rodamos sobre un fondo negro. Iba a ser un efecto visual. Bueno, André pesaba como doscientos cincuenta kilos, así que no podía sentarse sin más sobre un caballo. Tuvimos que ingeniar un sistema para bajarlo con poleas y tapar los cables con pintura para que estuviera sobre el caballo. Así que, al final del día, hacia las ocho de la noche, entré en el plató donde íbamos a rodar aquello. Abrieron las puertas y vi a un gigante de más de doscientos kilos al que estaban bajando desde el techo. Me dijo: «¡Hola, jefe!». Y pensé: «¿Cómo me gano la vida aquí? ¿A qué me dedico?». Fue una locura.

arriba, sujeto a una enorme polea, que permitiera que pareciese que estaba sobre el caballo sin apoyarse sobre este.

Al final, Rob decidió que la idea era demasiado confusa para el público, que los dos mundos no debían encontrarse, y esto resultó ser la mejor opción.

Tras acabar la escena, llegó el momento de que Robin y yo rodáramos mi última escena. Mandy y André tenían que grabar otras escenas con la segunda unidad en la taberna y me despedí de ellos con un abrazo cuando terminamos. Creo que se me humedecieron un poco los ojos al intentar estrechar a André. No podía creerme que nuestro viaje llegara a su fin.

A Robin y a mí nos llevaron a otra parte del set, donde nos sentamos sobre nuestros caballos frente a un hermoso fondo de una puesta de sol e interpretamos el mágico beso. Esa iba a ser literalmente mi última escena en la película y no pudo haber una forma más apropiada para mí de terminar. Una vez

Compartiendo risas con Robin. Cave Dale, Castleton.

más, se congregó una multitud para presenciar el momento. Nos miraban, sonreían y, de vez en cuando, se enjugaban suavemente una lágrima o dos. El abuelo describe este último abrazo entre Buttercup y Westley del siguiente modo:

Desde la invención del beso, ha habido cinco besos que han sido calificados como los más apasionados, los más puros. Este los superó a todos.

Robin y yo lo hicimos lo mejor que pudimos para estar a la altura de tan elevadas expectativas. Y, pese a que Rob a menudo rodaba varias tomas de cualquier escena hasta que se sentía seguro de que conseguía justo lo que quería, en esta escena en particular, Robin y yo pedimos más tomas. Creo que estábamos tan cautivados que no parábamos de reírnos como un par de colegiales.

Tras la primera toma, Rob gritó:

—¡Corten, es buena!

—Ummm, lo siento, no estoy muy convencido de esta, Rob. ¿Podemos intentarlo otra vez? —pregunté con timidez, conteniendo la risa.

Rob sonrió y dijo:

—Claro, Cary. ¿Por qué no?

Después de la segunda toma, Rob volvió a decir:

—¡Es buena!

Entonces, Robin pidió otra.

—¡Sí! Tenemos que hacer otra, Rob, por favor.

Después, yo pedí otra.

Así siguieron tres tomas más que concluyeron con la misma directiva de Rob:

—¡Corten, es buena!

Rodamos seis tomas de ese beso. Tras revelarlas, Rob finalmente se volvió hacia Ceri, nuestra continuista, y dijo:

—¡Una preciosidad! Esa también es buena.

Más tarde vino hacia nosotros, que estábamos sobre nuestros caballos, y comentó:

Rob nos da instrucciones antes del «beso que los superó a todos».

Y ¡capturada! Seis tomas, todas impresas.
Escenario D. Shepperton, 21 de noviembre.

—Eh, chicos. ¡Creo que lo tenemos!

Risas aparte, aunque no puedo hablar por Robin, podría haberme pasado todo el día rodando aquella escena, ya que creo que no quería que terminara la película. Fue, también, una manera muy tierna de acabar: la sellamos con un beso, por así decirlo.

Se hizo un breve silencio seguido de un arrollador aplauso mientras Rob anunciaba:

—Señoras y señores… ¡Aquí acabamos con Cary Elwes!

Me sentí realmente conmovido y, mientras intentaba controlar mis emociones con todas mis fuerzas, ofrecí un pequeño discurso en el que daba las gracias a todo el equipo y al resto de miembros del reparto. Me volví hacia Robin y le dije que nadie podría haber personificado la belleza interior y exterior de Buttercup de una manera tan maravillosa. Y finalmente, con un nudo de tamaño inusual en la garganta, me volví hacia Rob y le di las gracias porque trabajar con él había sido increíblemente magnífico y por haber convertido la experiencia en una de las más felices, no solo para mí, sino para todos los involucrados. A esto le siguió el abrazo de oso más largo que jamás he recibido por parte de Rob. Acabé diciendo lo que tenía en la cabeza, algo que tal vez muchos otros pensaran: que deseaba que pudiéramos rodar la película para siempre, pero que, por desgracia, todas las cosas buenas en algún momento llegan a su fin.

Tras mi discurso, hubo muchos abrazos y lágrimas mientras me despedía de todos los presentes. Robin se me acercó y me abrazó una última vez. De todas las personas que trabajaron en la película, creo que con la que más unido estaba era con ella, ya que en casi todas

ROBIN WRIGHT

Fue tan hermoso, la historia, el amor verdadero por Westley, el amor verdadero por Buttercup… Cary era perfecto para ese papel. Era tan elegante y divertido y guapo y caballeroso… Creo que siempre tendremos una relación especial gracias a esta película.

MANDY PATINKIN

Fue una experiencia muy intensa: las diez horas de rodaje diarias y el trabajar con gente con tanto talento. La elegancia de Rob y su generosidad como director. Y el amor por sus actores. Y nosotros, Cary y Robin y yo, éramos como niños que podían formar parte de esta feliz e increíble obra de Bill Goldman. Ahora tocaba seguir adelante y ¿quién sabía qué pasaría o si alguien la vería?

CHRIS GUEST

Lo que ocurre con las películas es que nadie sabe si ha hecho algo especial. Creo que lo que sabes es que te lo has pasado en grande. Desde el punto de vista de Rob, no había forma de que supiera antes del montaje qué era la película realmente. Eres consciente de lo maravilloso que es el material, pero no lo sabes de verdad. La gente me ha preguntado sobre *Spinal Tap:* «¿Sabías que sería un éxito?». Sería absurdo y arrogante decir que sí. Solo éramos un grupo de amigos que quería divertirse. Te ríes, haces lo que te gusta, y eso es básicamente todo. Y luego vas y haces otra cosa.

ROBIN WRIGHT

Mientras grabas una película, nunca te imaginas, asumes o supones que la película va a funcionar, o que la gente va a reaccionar de forma positiva. Solo sé que me encantaba ir a trabajar cada día y hacer lo que estábamos haciendo juntos en *La princesa prometida*. En tu imaginación ves cómo todas esas piezas encajan en una historia coherente y piensas: «Guau, es genial. Esto es real». Pero nunca sabes si eso se va a traducir en un éxito. Bien, en este caso eso es lo que ocurrió. Nos lo pasamos genial juntos; nunca me he reído tanto en mi vida.

nuestras escenas solo estábamos nosotros dos. Siempre la querré y tendremos una relación muy cercana, porque compartimos una conexión única: durante ese breve y brillante momento en el tiempo fuimos Westley y Buttercup. Un amor de cuento de hadas que quedará inmortalizado para siempre en la pantalla.

Cuando la película terminó, todo el mundo siguió su camino por separado. Ni siquiera recuerdo si hubo una fiesta de cierre. Estoy seguro de que así fue, pero yo estaba pasando mucho tiempo con mi familia, debido a la pérdida de mi abuelo, así que es posible que me la perdiera. O puede que simplemente estuviera demasiado distraído por el dolor como para ir.

No sabía cómo saldría la película. Ni siquiera sabía cuándo o dónde volvería a ver a alguna de aquellas maravillosas personas. Me sentía bien con el trabajo que habíamos llevado a cabo. No hay duda de que todos teníamos una confianza ilimitada en la habilidad de Rob de crear algo especial. Pero la verdad es que no sabíamos cómo sería recibida. Como actor, nunca lo sabes. Terminas un proyecto y, si tienes tanta suerte como la que he tenido yo en mi carrera, pasas al siguiente. Tal vez *La princesa prometida* pasaría sin pena ni gloria. Tal vez sería otra línea más en mi currículum. Por supuesto, todos rezábamos para que no fuera así.

Solo el tiempo lo diría.

Mi último día de rodaje. Empezando por la izquierda: Andy Scheinman, yo, Robin Wright, André, Chris Guest y Rob Reiner.

13

UN FINAL DE CUENTO DE HADAS

En un principio, se había programado que el gran estreno de *La princesa prometida* sería en verano. La distribuidora, 20th Century Fox, tenía grandes esperanzas sobre las posibilidades de la película, y decidieron estrenarla el 31 de julio de 1987. Sin embargo, dado que Rob todavía estaba editando en aquel momento, se pospuso. Unos meses más tarde, me invitaron al visionado de un primer corte de la película en el set de la Fox con mi agente de por aquel entonces, Ed Limato (quien, por desgracia, ha fallecido). Estaba especialmente nervioso, ya que algunos de los gigantes del mundo de la comedia (Mel Brooks, Gene Wilder, Gilda Radner y Carl Reiner) asistirían, junto con el resto de la familia y amigos cercanos de Rob.

Es extraño volver a ver una película después de tanto tiempo, en parte porque has seguido adelante con otros proyectos, pero también porque parece que hace eones que la hubieras rodado. Es casi como un sueño que se desvanece de la memoria. Pero al ver la película, aunque fuera el borrador, con la música provisional y las entradas apareciendo en pantalla, pensé que era alegre, reconfortante, divertida, dulce y sinceramente inolvidable. Aunque es probable que fuera imparcial. Sé que al público también le encantó. Pero eran los amigos y la familia de Rob, por lo que es probable que también fueran imparciales. Tras la proyección, me sentí abrumado al recibir algunos de los mayores y más preciados elogios de mi carrera cuando Mel, Gene, Gilda y Carl me felicitaron por turnos por mi interpretación.

El 15 de septiembre, *The Hollywood Reporter* sugirió en un artículo que la película sería «un reto para el departamento de *marketing*», por lo que el estudio decidió atrasar aún más la fecha de estreno. Finalmente, lo hizo el 25 de septiembre con varias proyecciones limitadas (es decir, solo en algunos cines) de Nueva York y Los Ángeles para ver qué tal le iba antes de ampliarlo (en otras palabras, de llevarla a más cines) unas semanas más tarde.

La primera vez que vi la versión final fue en lo que en aquel entonces se conocía como el Toronto's Festival of Festivals (ahora el Festival de Cine Internacional de Toronto), el 18 de septiembre, una semana antes de la fecha de estreno oficial en Estados Unidos.

Incluso después de todo ese tiempo, todavía no sabíamos qué esperar. Como dice Bill Goldman sobre nuestra industria en su fascinante libro *Las aventuras de un guionista en Hollywood,* «¡nadie sabe nada!», porque si lo supieran, razona correctamente, todo el mundo haría éxitos de taquilla a todas horas. Nadie tiene la intención de rodar una película mala. Trabajas duro, depositas tu fe en el material y en el director, y entonces…, bueno, cruzas los dedos. A decir verdad, hay tantas cosas que pueden salir mal que es aconsejable no preocuparse por ellas; este es otro consejo de Goldman. Si hubiera dependido del público del festival, habría sido un éxito rotundo. Les encantó. Se rieron en los momentos correctos y también se emocionaban cuando tocaba.

Después de los créditos y de que se encendieran las luces, el público se puso en pie y vitoreó. Fue realmente abrumador. Miré a Rob, que estaba radiante. El público se lo tomó realmente en serio y la votó como la ganadora del Premio del Público en el festival. Daba la sensación de que la película realmente tenía una oportunidad de convertirse en un éxito.

Entonces llegó el momento de sufrir.

De regreso a Los Ángeles, Rob desplegó una copia del póster que el estudio había escogido para la película y nos quedamos estupefactos.

CHRIS SARANDON

El póster no contaba realmente nada sobre la película. Los carteles posteriores mostraban personajes de la película y daban alguna que otra pista sobre el argumento. Pero al principio, daba la sensación de que habían dicho: «¿Qué tenemos aquí, amigos? No lo sabemos, así que vamos a sacarlo fuera y a ver qué pasa». Fue muy decepcionante cuando la película se estrenó porque pensé: «Esta es una obra muy especial, y no va a ser el tipo de obra que todo el mundo entiende; puede que lleve un tiempo que la gente la comprenda». Y así ha sido.

Al parecer, *The Hollywood Reporter* acertó en su suposición. El departamento de *marketing* del estudio estaba totalmente perdido sobre cómo debían venderla. En el cartel no aparecía ninguna imagen del personaje que daba nombre a la película, Buttercup. Ni nada sobre Westley, el Milagroso Max, Íñigo, Fezzik ni de duelos de espada. ¡Ni siquiera había un RAG a la vista! En lugar de eso, optaron por un póster en el que aparecían las siluetas de Fred Savage y Peter Falk sentadas y recortadas sobre un fondo al estilo de Maxfield Parrish. Era muy dulce, pero también una elección extraña y estática para una película que prometía tantísimo más. Era evidente que estaban perdidos en el intento de identificar el tipo de película que debían promocionar. Por alguna razón decidieron destacar la historia del abuelo y el nieto; en esencia, parecía una película para niños. Es cierto que su relación era una parte integral de la historia, pero todos sentíamos, incluido Rob, que no era el mejor ángulo desde el que promocionar la película. Y teníamos razón, ya que confundió al público y disuadió a algunos espectadores potenciales.

Para que os hagáis una idea de lo perdidos que estaban los del departamento de *marketing* incluso en otros países, recuerdo que alguien me enseñó un póster italiano que mostraba a un RAG y a Buttercup, pero inexplicablemente también presentaba a un halcón y a Íñigo como una especie de Arnold

Schwarzenegger en *Conan el Bárbaro* sosteniendo su gigantesca espada bárbara junto a la cara en esa pose icónica. Supongo que la teoría era que si Arnold vendía entradas, ¿por qué no intentarlo? Esto solo empeoró cuando, dentro del país, la Fox optó por no publicitar la película en los medios. No teníamos anuncios pagados en la televisión, ni siquiera un tráiler en los cines. De hecho, el primer y único tráiler se consideró tan confuso que el estudio lo retiró más tarde. Todo aquello parecía la receta perfecta para el desastre. Y aun así…, pese a todo, en cuanto se estrenó, las críticas fueron en general positivas. Aquí algunos ejemplos:

⑤ *The Philadelphia Inquirer:* «Dado que la primera aparición de Reiner fue en la divertidísima parodia *This Is Spinal Tap*, se espera que satirice los relatos épicos de espadachines. Pero lo que cautiva de *La princesa prometida* es la sinceridad con la que Reiner cuenta su historia, que es dulce como la sidra y (por suerte) no como la miel».

⑤ *The New York Times:* «*La princesa prometida* es dulce y sincera, y en lo que respecta a los cuentos de hadas, eso son grandes ventajas. Cuenta también con un reparto encantador y un estilo alegre y sincero que resulta aún más cautivador a medida que avanza la película. Incluso el niño, que es un cliente difícil, acaba convencido».

⑤ *Chicago Sun-Times* (Roger Elbert): «*La princesa prometida* se revela como una astuta parodia de las películas de espadas y brujería, una película que de algún modo existe en dos niveles a la vez. Mientras los espectadores más jóvenes quedarán encantados con los emocionantes sucesos en la pantalla, creo que los adultos se reirán mucho».

MANDY PATINKIN

Vi un primer corte de la película mucho antes de que se estrenara y recuerdo que, cuando acabó, estaba llorando. Mi mujer, que estaba sentada a mi lado, me preguntó: «¿Qué te pasa?». La miré y le dije: «Nunca soñé que formaría parte de algo como esto. No puedo creer que haya pasado antes de que tuviera tiempo siquiera de soñarlo». Y no podía quitármelo de encima. Fue increíble. Más tarde, me entristeció que no fuera bien recibida. Oí que el estudio no sabía cómo venderla, si como una historia de aventuras o una para niños... Nadie lo sabía. Así que pasó sin pena ni gloria.

FRED SAVAGE

No sabían cómo venderla. No sabían lo que era. ¿Es una aventura? ¿Es romántica? ¿Es divertida? ¿Es emocionante? ¿Es apasionante? ¿Es una historia para niños? Y la respuesta es... ¡sí! Creo que cualquier tipo de público encontrará algo en la película que conecte con ellos, porque toca muchos estilos, géneros y tonos. Tiene un significado para todo el que la vea, sin importar lo que busque en ella.

ROB REINER

Al recordarlo, la verdad es que fui muy estúpido. Hablé con Barry Diller, el jefe de la Fox en aquella época, y recuerdo que cuando *El mago de Oz* salió, tampoco fue bien recibida. La gente no la entendió. No les gustó, aunque con los años se ha convertido en un gran clásico imperecedero. Y le dije a Barry: «Esto es terrible. Tenemos una película que le encanta a todo el mundo, pero no conseguimos que nadie la vea. ¡No quiero que esto se convierta en *El mago de Oz!*». Y él me respondió: «Rob, no dejes que nadie te oiga decir eso». Y tenía razón, ¿sabes? Deberíamos sentirnos afortunados de conseguir el mismo éxito que *El mago de Oz*.

Sin embargo, algunos críticos se mostraban reticentes a darle a la película algo más que un elogio ambiguo, y su actitud era la de: «Eh, es una película muy bonita, y si necesitas algo que hacer esta tarde, ve a verla con tus hijos».

Otros, simplemente sentían rechazo por la aparente mezcla de géneros.

Un crítico, por ejemplo, dijo lo siguiente: «Este es un cuento de hadas posmoderno que desafía y afirma las convenciones de un género que puede que no sea lo bastante flexible como para soportar semejante payasada».

Mmmm. ¿De verdad? Creo que el señor Goldman lo explicó mejor cuando escribió: «Los cínicos son simplemente románticos frustrados».

Dos semanas después del Festival de Toronto y de la oleada inicial de críticas, mayormente positivas, nos reunimos otra

ROB REINER

Estaba muy contento con lo que habíamos logrado porque conseguimos exactamente lo que nos habíamos propuesto. También estaba satisfecho con la reacción del público. Quiero decir, hubo proyecciones de prueba en las que el público ponía la película «por las nubes». Cerca del noventa y cuatro por ciento de los espectadores decían que recomendarían la película. Lo frustrante para mí fue que la Fox, que era la que lanzaba la película a nivel local, no sabía cómo promocionarla. No tenían ni idea de qué hacer con ella. No conseguían montar un tráiler adecuado ni un anuncio en el periódico. Así que fue muy decepcionante, la verdad.

ANDY SCHEINMAN

La película no fue tan exitosa desde un punto de vista comercial como debería haber sido. Creo que tiene un título muy delicado, sobre todo si no sabes de qué va. Y nadie lo sabía. Cuando se estrenó, no conseguimos ni que tres chavales universitarios en todo el país fuera a verla. Estos decían: «Bueno, parece que es para niños pequeños». Incluso los niños decían: «Es para chicas; hay princesas y bodas y todo eso». Entonces, cuando la proyectamos en UCLA, el público enloqueció. Porque la realidad es que es una de las películas más satíricas que se hayan hecho jamás y tiene una sensibilidad adulta que también gusta a los niños.

vez para una proyección en el Festival de Cine de Nueva York en el teatro Ziegfeld, en la calle 54. Rob subió al escenario, presentó la película y nos invitó a unirnos a él para hacer lo mismo con nosotros. Más tarde esa misma noche, nos fuimos a cenar todos juntos, y Rob se levantó y dio un discurso:

—Solo quiero que sepáis que, pase lo que pase con esta película, estoy muy orgulloso de lo que hemos conseguido. Y más importante aún, lo mucho que os habéis esforzado para hacer de esta una de las experiencias más memorables de mi carrera. Es una película muy especial. Y creo que todos estamos orgullosos de ella.

Aplaudimos. Había un sentimiento general de camaradería en la sala; sabíamos que habíamos hecho algo especial.

Por desgracia, los comentarios de Rob sobre el éxito de la película resultaron un tanto proféticos. Las cifras no fueron las que habíamos esperado. Ni las que esperaba el estudio. Tras el fin de semana del estreno, podía decirse que la película no iba a ser un taquillazo, algo que nos frustró a todos. En retrospectiva, solo deseo que hubiera existido internet en 1987. Sospecho que las redes sociales habrían mostrado la calidad única de la película y habrían ayudado a que se convirtiera en un éxito. Pero las películas de aquella época dependían de las plataformas tradicionales de publicidad y ni siquiera teníamos eso a nuestro favor.

Después de cenar, cuando todo el mundo se iba por su lado, André me preguntó si quería salir a tomar una copa. Pensé: «¿Por qué no?». Quién sabía cuándo volveríamos a vernos, y siempre disfrutaba de su compañía.

Así que me fui con él, que se apretujó en la enorme furgoneta con chófer que tenía, y partimos en busca de…, bueno, cuando estás con André, sabes que siempre va a ser una aventura.

—Te voy a llevar a algunos de mis lugares favoritos —dijo André mientras daba indicaciones al conductor.

Recorrimos una corta distancia antes de detenernos frente al primer bar, uno de los eternos favoritos de André: el P. J.

Clarke's, en la Tercera Avenida. En cuanto entramos, el lugar enmudeció. Todas las cabezas en la sala se volvieron hacia André mientras este se agachaba para entrar por la puerta.

—No puedes hacer una entrada sutil, ¿verdad? —le pregunté.

Él sonrió y respondió:

—No siempre, pero no hay problema. Aquí me conocen.

Nos sentamos en la barra y el camarero vino enseguida hacia nosotros.

—Hola, André. Me alegro de volver a verte. ¿Lo de siempre?

—Sí, por favor, Frank. Y este es mi amigo, Cary. Acabamos de rodar una película juntos y quiero invitarlo a una copa.

—Encantado de conocerte —dije, y tendí la mano a Frank.

—Los amigos de André son nuestros amigos. ¿Qué tomarás?

—Una cerveza, por favor —respondí, pensando en que era mejor que fuera poco a poco.

«Lo de siempre» de André resultó ser su bebida favorita, «el Americano», que me dejó probar mientras rodábamos en Derbyshire: una combinación de diversos licores fuertes. Me alegro de no haberlo probado poco antes de subirme a su *quad*, ya que es muy probable que hubiera acabado con algo mucho peor que con un dedo del pie roto. La bebida llegó, como era de esperar, en una jarra de más de un litro, que desapareció en un solo trago. Y luego vino otro. Y siguieron llegando mientras yo sorbía tímidamente mi cerveza. Hablamos sobre el trabajo y películas, sobre su granja en Carolina del Norte, donde criaba caballos, sobre sus familiares de Francia y, por supuesto, sobre la vida. André era un hombre como ningún otro; era realmente único. Recuerdo que me dijo algo bastante conmovedor: que daría cualquier cosa por vivir un solo día en un cuerpo de tamaño normal para pasar desapercibido.

—Pero ¿sabes qué, jefe? —continuó.

—¿Qué? —le pregunté.

—Aun así, doy gracias por mi vida.

—¿Por qué? —le respondí.

—¡Porque he tenido una vida increíble! —respondió con entusiasmo.

Y en eso, tenía toda la razón.

Mientras charlábamos, me fijé en un hombre que no le quitaba los ojos de encima. No me pareció extraño, ya que André atraía miradas y admiradores allá donde fuera. Tal vez este hombre era uno de los segundos. Entonces, André me dio un pequeño codazo, una señal para indicarme que era hora de moverse. Se negó a dejarme pagar las copas. Era algo que nunca te dejaba hacer.

—No, no, jefe. Yo me encargo… —dijo mientras le dejaba a Frank una propina de cien dólares.

Salimos y nos dirigimos al coche, recorrimos unas cuantas manzanas más y entramos en otro de los locales favoritos de André. Llegaron otra cerveza, más americanos, más conversaciones y más risas.

Así siguió la cosa. Fuimos de bar en bar durante varias horas por los lugares favoritos de André en Manhattan. Por suerte, pronto me di cuenta de que la cosa se nos iba a ir de las manos, por eso solo pedía cerveza, mientras que André se bebía sus americanos, en algunos casos de tres en tres o de cuatro en cuatro. En uno de los locales, vi al mismo tipo del bar anterior, sentado en una mesa; miraba fijamente a André, pero no pensé nada al respecto hasta que llegamos al siguiente bar, y allí estaba otra vez. ¡El mismo tipo! Me acerqué a André.

—Eh, André. Creo que ese hombre nos está siguiendo —le susurré con complicidad.

—¿Dónde? —contestó a la vez que fruncía su enorme ceño mientras giraba la cabeza hacia donde yo miraba.

Pensé que si ese tipo resultaba ser una amenaza, no lo sería durante mucho tiempo.

—Allí…

Señalé con la cabeza en dirección al acosador en la mesa, que aprovechó ese momento para apartar la mirada.

André se echó hacia atrás y lo miró. Se dio la vuelta y asintió con indiferencia.

—Oh, no te preocupes por él.

—¿Por qué? ¿Lo conoces?

—Es una larga historia.

Eso bastó para despertar mi interés.

André apuró el último cuarto de litro de uno de sus americanos y dejó la jarra sobre la barra. Después de limpiarse la boca, dijo:

—Es un poli.

—¿Un qué? —respondí, claramente confundido.

—Un policía —respondió André.

Resulta que en una de sus noches de fiestas, André bebió un poco más de la cuenta. Mientras esperaba a que el aparcacoches le llevara el coche, se resbaló y cayó. Pero no se cayó de culo sin más, sino que aterrizó justo encima de un cliente muy sorprendido. No puedo ni imaginarme lo que debió de ser para aquel pobre ignorante, que seguramente pensó que se le había caído encima un edificio. Podría haberle demandado, pero creo que el asunto se solucionó de manera bastante rápida y silenciosa. Después de eso, el Departamento de Policía de Nueva York decidió que cada vez que André saliera de copas, enviaría a uno de sus mejores hombres para seguirlo y asegurarse de que no volvía a caerse encima de nadie.

—¡Dijeron que era por mi propia seguridad! —Ese último comentario le sacó una sonrisa irónica.

No le discutí la historia, porque, aunque André parecía sacado de un cuento de hadas, no acostumbraba a contarlos. Todo era posible. Una vez reconoció al policía infiltrado, lo invitó a una copa en cada uno de los bares a los que fuimos. Él respondió cada vez con el vaso en alto como saludo y nos siguió toda la noche. Un trabajo bastante bueno, si te toca.

Por desgracia, André falleció en enero de 1993 a causa de una insuficiencia cardíaca. En aquella época, yo estaba rodando una comedia de Mel Brooks y recuerdo que quedé desolado al enterarme de la noticia. Me resultó muy difícil hacer reír ese día. Descubrir que solo tenía cuarenta y seis años cuando murió empeoró todavía más la situación. André sabía que no viviría hasta una edad avanzada, incluso le dijo a Billy Crystal en un momento durante el rodaje: «Ni los tipos grandes ni los pequeños tenemos mucha suerte. No vivimos demasiado».

Creo que es por eso por lo que André vivía la vida con esa maravillosa sonrisa. Nunca daba por hecho ni un solo día, pues no sabía si sería el último. Quería compartir lo hermosa que era la vida con todo aquel con quien se cruzaba. Era la persona más dulce y con el corazón más generoso que jamás he conocido. El tipo de persona que se quitaría la camisa para dártela, una camisa lo bastante grande como para cubrir a cuatro o cinco personas. Nunca dejaba que nadie pagara una comida o una copa porque quería ser el que daba en lugar del que recibía. Este icono masivo me enseñó a apreciar las pequeñas cosas de la vida de verdad y a vivir el momento, y estoy más que agradecido de haberlo conocido… Me siento honrado. Y en ese sentido, doy gracias de que al menos disfrutara de la experiencia de grabar la película tanto como el resto de nosotros. Descubrí, por su familia y amigos, que fue uno de los momentos cumbre de su vida. Me dijeron que, tras su estreno, en cualquier ciudad en la que estuviera luchando (actividad que se limitaba mayormente a apariciones, ya que su operación de espalda no tuvo éxito), se colaba a hurtadillas en la parte trasera del cine donde la estuvieran proyectando, la veía tantas veces como podía sin llamar demasiado la atención y le decía a todo el mundo que le encantaba.

Aquella inolvidable noche que pasé con André sería una de mis últimas aventuras relacionadas con *La princesa prometida*. Lo que fue un tanto triste es que, por aquel entonces, parecía destinada a ser una película relativamente pequeña, que solo un puñado de gente vio. O eso creíamos.

Entonces, de forma inesperada (creo que, si tuviera que poner una fecha, debió de ser alrededor de la Navidad de

1988), la película cobró vida propia. Fue una época floreciente para el mercado del VHS y los vídeos se convirtieron en un regalo de Navidad muy popular. ¿Y qué mejor película para compartir en Navidad que *La princesa prometida?* Durante el primer año, las copias volaban de las estanterías, y han seguido haciéndolo desde entonces, de una manera u otra.

Fui consciente de este fenómeno de la manera más extraña, casi sutil, con los fans ocasionales que se me acercaban en público y me decían que habían comprado o alquilado la película hacía poco y cuánto significaba para ellos. En un año o así, se convirtió en algo habitual. Las camareras que me tomaban nota entablaban una conversación conmigo que discurría más o menos así:

—¿Y cómo quiere el chuletón?

—Poco hecho, por favor.

—¡Como desee! —Y me sonreían. A veces, la respuesta iba acompañada de un guiño.

Al principio no sabía cómo contestar. No sabía qué hacer al encontrarme en la situación surrealista de convertirme en un ídolo de la matiné, que es en lo que Westley se convirtió de repente para millones de mujeres jóvenes. Surgió de la nada. Y en aquella época no parecía haber una razón. *La princesa prometida* había desaparecido. La película estaba «muerta en su mayoría», si no enterrada. Y, de repente, aparecía por todas partes. Había vuelto a la vida de una manera gloriosa, maravillosa e inesperada.

El resurgimiento fue una completa sorpresa para mí, y creo que para todo el reparto. Pero el desconcierto pronto dio paso a la gratitud. Me sentía enormemente agradecido por la buena fortuna que se había cruzado en mi camino. No hay otra manera de decirlo: me sentía bendecido. El resurgimiento ayudó a propulsar mi carrera en el cine y me proporcionó una vida maravillosa. Una vez se te reconoce por un papel concreto o una película, todo cambia. Y cuando la película recibe tanto cariño como *La princesa prometida,* se te concede algo semejante a la inmortalidad.

BILLY CRYSTAL

Es una de las pequeñas joyas de mi carrera. Muy a menudo, hasta el día de hoy, en aeropuertos o cines, la gente se me acerca y me dice: «¡Divertíos asaltando el castillo!». Los más divertidos me susurran: «No te bañes hasta dentro de una hora, una hora larga», y luego se alejan sin más. Esos son los mejores.

Entre los fans reconocidos de *La princesa prometida* hay algunos que han ocupado posiciones prominentes e influyentes del mundo. El 1 de junio de 1988 tuve la oportunidad de visitar el Vaticano con mi madre. A través de una serie de contactos y conexiones, organizó una breve audiencia con su santidad el papa Juan Pablo II. En aquel momento no sabía que el papa era un gran amante del arte. Además, no sabría hasta más tarde, cuando lo interpreté en su juventud en Polonia,

Con el papa Juan Pablo II y mi madre.
El Vaticano. 7 de junio de 1988. © *Servizio Fotografico de "L'O.R."*

en una película para la televisión, que había sido actor, poeta y dramaturgo. Era increíblemente culto y leído. En esencia, un auténtico hombre del Renacimiento. Pero ¿quién habría adivinado que sus intereses se extendían también a la cultura popular?

Así que imaginad mi sorpresa cuando posamos juntos para una foto y, entonces, el papa se volvió hacia mí y sonrió al reconocerme.

—Ah… ¡Tú eres el actor!

—Sí, su santidad.

—¡El de *La princesa y la prometida!* —dijo, confundiendo el título de una forma muy dulce, algo que a día de hoy aún ocurre.

Me quedé boquiabierto.

—Su santidad… —tartamudeé—. Usted… ¿usted ha visto la película?

Él asintió.

—Sí, sí. Muy buena película. Muy divertida.

Mientras escribo esto, el papa Juan Pablo II acaba de ser canonizado en el Vaticano, lo que quiere decir que literalmente contamos con un santo entre los admiradores de nuestra película. ¿Quién lo iba a decir?

Algunos años más tarde, el 5 de marzo de 1988, descubrí que la película tenía admiradores en las altas esferas del Gobierno. Acababa de filmar algunos episodios de una miniserie de la HBO producida por Tom Hanks, titulada *De la Tierra a la Luna*. La serie, que trata sobre el programa Apolo de la NASA, en la que yo representaba a Michael Collins, del Apolo 11, no se había estrenado todavía, pero, por suerte para nosotros, tuvo un despegue bastante espectacular y sin precedentes. Un día recibí una llamada inesperada del mismo Tom.

—Por favor, espere un momento, le paso con el señor Hanks —dijo su asistente al teléfono.

Entonces, se oyó la voz de Tom al otro lado de la línea.

—Hola, Cary —saludó en tono jovial—. ¿Qué haces dentro de dos semanas? —Fue directo al grano.

—No gran cosa, ¿por qué?

—Vale, ¿qué te parecería ir a la Casa Blanca? —preguntó de esa manera maravillosamente juguetona, como solo Tom Hanks puede hacerlo.

—Es una pregunta bastante absurda —le respondí en broma—. ¿A qué evento?

Me explicó que daba la casualidad de que los Clinton eran grandes admiradores del programa espacial de la NASA y que querían proyectar uno de nuestros episodios, más concretamente el mío sobre el Apolo 11, como parte de la White House Millenium Series.

—Así que consigue un traje bonito y nos vemos en un par de semanas, ¿vale? —añadió antes de colgar.

La serie tenía doce episodios, por lo que fue una verdadera suerte que los Clinton escogieran precisamente en el que aparecía yo.

Así que la que por aquel entonces era mi prometida (ahora mi esposa) y yo volamos hasta Washington, como parte de un séquito formado por Tom Hanks y su maravillosa esposa de gran talento, Rita, los coproductores Ron Howard y Brian Grazer, el director de la HBO Jeff Bewkes, y el jefe de programación de la HBO, Chris Albrecht. Todos los astronautas del Apolo que estaban disponibles fueron invitados, cosa que fue increíble, junto conmigo mismo y mis compañeros de reparto, Bryan Cranston y Tony Goldwyn. Fue una tarde maravillosa, durante la cual el presidente Clinton reveló en un discurso que cuando Hillary era una niña escribió una vez una carta a la NASA expresando su interés por convertirse en astronauta, un comentario que arrancó una sonora carcajada al público. El difunto John F. Kennedy júnior estaba también allí con su bella prometida, Carolyn Bessette, y dio un discurso muy conmovedor en el que declaraba que el programa espacial era «lo que más lo enorgullecía» del legado de su padre.

Tras la proyección, se celebró una gran recepción en una de las habitaciones del Ala Este. El lugar estaba repleto, y en el centro de la sala, en medio de ese increíble remolino de actividad, estaba el hombre más alto del lugar: el mismísimo presidente Clinton. Pensé en ello en términos cinematográficos: si se hubiera filmado esa escena desde arriba, habría parecido el vórtice de un remolino de personas deseosas por acercarse al epicentro, donde se encontraba el presidente, con la esperanza de disfrutar de una audiencia de dos minutos con el hombre más poderoso y, tal vez, más carismático del planeta. Y, aun así, por extraña que pareciera esa reunión informal, de algún modo todo fue como la seda.

Mi prometida y yo esperamos pacientemente en fila y, al final, nos encontramos de pie frente al presidente. Extendí la mano y hablé.

—Señor presidente, me llamo…

Con el presidente Clinton. La Casa Blanca. 5 de marzo de 1998.

No pude decir más, ya que me interrumpió con ese fantástico acento suyo de Arkansas.

—Sé exactamente quién eres, Cary —contestó afectuosamente, como si fuéramos viejos amigos en lugar de dos personas que nunca se habían visto.

Mientras me daba la mano, me ofreció una sonrisa deslumbrante. Era como mirar directamente a unos faros.

Al instante me pregunté si habría aparecido algo en mi revisión de antecedentes, esa que se realiza prácticamente a todos los invitados de la Casa Blanca antes de que se les permita el acceso. Mi ansiedad debió de hacerse notar, ya que el presidente enseguida me tranquilizó.

—Oh, no, no... No es lo que piensas —dijo con una amplia sonrisa—. Solo quería que supieras que Chelsea y yo somos grandes admiradores de *La princesa prometida*.

Chelsea es la hija de Bill y Hillary. Me los imaginé juntos, viendo la película como cualquier otra familia. Me parecía tan tierno e irreal a la vez.

—Has estado genial en la película de hoy —añadió, refiriéndose a *De la Tierra a la Luna*—. Pero estuviste fantástico en el papel de Westley. ¡Me encanta esa película! Chelsea y yo la habremos visto unas cien veces. Creo que podría recitar todas las frases.

Me sentía halagado y estaba sin palabras, pero, al fin, respondí:

—Gracias, señor presidente. Significa mucho para mí.

Le presenté a mi prometida, que estaba de pie junto a mí, y ella rápidamente aprovechó el momento.

—Señor presidente, ¿qué le parecería si Cary le enviara a Chelsea una copia firmada del guion? ¿Cree que le gustaría?

El presidente la miró de inmediato a los ojos.

—¿Sabes qué, Lisa Marie? —dijo—. Creo que le gustaría muchísimo.

Entonces se volvió hacia mí otra vez.

—¿Crees que podrías hacer eso por ella, Cary?

—Por supuesto, señor presidente. Será un placer para mí —respondí rápidamente.

Tan pronto como regresamos al hotel, llamé a Rob. Me moría de ganas de compartir las noticias.

—¿Sabías que el presidente es un fan de *La princesa prometida?* —le pregunté.

—Me tomas el pelo.

Estaba tan perplejo y encantado como yo.

Unas semanas más tarde le envié a Chelsea el guion firmado. Y unos días después, recibí una gentil carta de agradecimiento del presidente Clinton, que sigue colgada en la pared de mi despacho a día de hoy.

La gente a menudo me pregunta cuál ha sido mi encuentro más extraño con un admirador. Una vez conocí a una joven que se presentó educadamente y, luego, me dijo cuánto significaba la película para ella. Cuando acabó, se apartó la larga melena para dejar a la vista un tatuaje en la nuca recién hecho y muy rojo de las palabras «Como desees» en una florida caligrafía. Me pidió que se lo firmara con un rotulador para añadir mi firma al tatuaje. Como es natural, dudé, pues no sabía si era apropiado, pero su madre, que estaba junto a ella, insistió.

Comprender que formas parte de algo que ha calado en los corazones (y en la piel) de mucha gente es una lección de humildad. Como he dicho muchas veces, estoy seguro de que en mi lápida seguramente aparecerán las palabras «Como desees», y me parece estupendo. Es maravilloso que se te asocie con una película tan hermosa, divertida y amable. Una cuya popularidad no muestra señales de menguar.

Un cuarto de siglo más tarde, todo el reparto (menos aquellos que tristemente habían fallecido: André, Peter Falk, Peter Cook y Mel Smith) nos reunimos, no solo en un acto de nostalgia, sino para celebrar algo que permanece tan vivo en la actualidad como cuando se estrenó por primera vez.

ROB REINER

He tenido muchos encuentros con gente de todo tipo a quienes les encanta la película. Pero el más extraño sin duda fue este: una noche Nora Ephron y su marido, Nick Pileggi, que escribió el guion de *Uno de los nuestros,* querían llevarme a un restaurante en Nueva York donde el mafioso John Gotti iba a comer. Así que fuimos y, como era de esperar, entró este con seis mafiosos. Cuando acabamos de comer, salí del restaurante y allí estaba uno de esos gánsteres, que era idéntico a Luca Brasi de *El padrino,* de pie frente a una enorme limusina. Me miró y dijo: «¡Eh! Tú mataste a mi padre. ¡Prepárate a morir!». Yo me quedé paralizado. Entonces, se rio y añadió: *«¡La princesa prometida! ¡Me encanta esa película!».* ¡Casi me desmayo en medio de la calle!

La prueba de ello fue el día que nos juntamos en el Lincoln Center, mientras la multitud vitoreaba con la entrada de cada personaje en pantalla y decían a coro frases famosas de todos nosotros. Fue maravilloso experimentar ese tipo de respuesta con la gente que lo hizo posible, a algunos de los cuales no había visto en años.

Al ver la película de nuevo veinticinco años más tarde, me quedé asombrado al contemplar la maestría con que la dirigió Rob. Me mantengo firme en mi teoría de que era realmente el único director capaz de sacar adelante el proyecto. Tenía la sensibilidad y el sentido del humor necesarios; sencillamente, tenía el toque adecuado. La forma en que la dirigió, las interpretaciones, los planos, la edición, el valor de producción, la música…, todo. No hay un solo fotograma en pantalla que no debería estar allí.

Después de la proyección, todos le dimos palmaditas en la espalda, y comentamos lo maravillosa que seguía siendo, y lo único que Rob dijo fue: «Es divertida, ¿no?». Y nosotros contestamos: «¡Rob! ¡Es una película genial!». Su respuesta fue: «¿De verdad?». Es muy humilde con respecto a sus propias ha-

MANDY PATINKIN

Uno de los mayores privilegios de mi vida fue que se me pidiera participar en esta película. Y, sobre todo, haber vivido lo suficiente como para ser testigo del clásico en el que se ha convertido, para ver el placer que ha traído a tantas generaciones. No tenía ni idea de que tendría este efecto en la gente. Supongo que el verdadero placer de ello reside en que se ha convertido en mucho más de lo que ninguno de nosotros jamás soñó o imaginó.

bilidades como director. Es una de las muchas cualidades adorables que posee.

Esa noche también descubrimos que Goldman no había visto la película con público desde su estreno inicial en Toronto en 1987. Se sentó justo detrás de mí en el evento en el Lincoln Center y lo oía porque tiene una voz muy característica. Cada vez que el público decía «oooh» o «aaah», vitoreaba, se reía o recitaba una frase, Bill se derretía.

—Oh, Dios mío. ¡Esto es increíble!

Estaba anonadado con la recepción. Y después, mientras nos preparábamos para subir al escenario y responder a preguntas frente a un público en directo, me quedé de pie junto a él.

—Bueno, Bill, ¿qué opinas? —le pregunté.

—No tenía ni idea —respondió con incredulidad—. Esto es increíble. Se sabían cada frase. ¡Les encanta!

Sonreí y le di un abrazo.

—Por supuesto, Bill. Escribiste algo hermoso.

Bill asintió. Por un momento, parecía estar a punto de llorar de felicidad, pero antes de que lo hiciera, Rob salió al escenario y la multitud rugió. Después de dar las gracias al público por asistir, nos llamó al escenario y nos sentamos los unos junto a los otros para una sesión de preguntas y respuestas, moderada por la Sociedad Cinematográfica del Lincoln Center Scott Foundas, que era también quien organizaba el evento. Contamos historias de cuando rodamos la película, el impacto que había tenido en todos nosotros, todas las veces

BILLY CRYSTAL

Todo el mundo estaba allí, en la reunión del veinticinco aniversario en el Lincoln Center. Fue fantástico verlos, y había, no sé, tal vez unas quince mil personas en la sala. No la había visto con público desde el estreno, y fue hace tantos años. Y por aquel entonces no era nada importante. ¡Pero ahora! Era como *The Rocky Horror Picture Show*. La gente estaba enloquecida. Fue muy emocionante para mí. Cuando alguien hacía su aparición en la película, el público aplaudía. Era como ver a tu actor favorito en un espectáculo de Broadway. Hubo lágrimas cuando Peter Falk entró para leer al principio. Coreaban frases: «¡Inconcebible!», y aplaudían. La frase de la guerra en Asia seguida de aplausos. «¡Divertíos asaltando el castillo!». Y así. Se sabían todas las frases. ¡Fue una auténtica locura!

que nos habían dicho nuestras frases, etc. Wally contó que piensa que cada persona con la que se encuentra cree que es la primera a la que se le ocurre decirle alguna de sus frases. Billy nos contó que se había sentado hacía poco a ver la película con sus dos hijas adultas y sus nietos, que aquel fue el momento «como desees» para él, y que era probable que el amor que la gente siente por esta película perdurara en el tiempo.

Entonces alguien le hizo una pregunta a Bill, que estaba aún muy emocionado por la proyección, sobre si había alguna posibilidad de que terminara la secuela, titulada *El bebé de Buttercup*, un capítulo de la cual se incluyó en la edición del trigésimo aniversario de la novela. Bill, al borde de las lágrimas, dijo:

—Lo he intentado durante veinte años. Estoy desesperado por escribirla, pero no sé cómo… Me encantaría hacerlo, más que ninguna otra cosa que no he escrito, pero no puedo… No consigo resolver la historia.

Fue muy conmovedor.

En un momento determinado, un hombre joven del público le preguntó a Robin si se haría un *selfie* con él, para cumplir un sueño de su niñez. Por supuesto, Robin accedió amablemente. Entonces, me pidieron que hiciera la imitación de Fat Albert que tanto impresionó a Rob en nuestro primer encuentro y no pude decepcionar al público. Esa noche fue una de las experiencias más placenteras de mi carrera. Espero que podamos repetirlo dentro de cinco años… o incluso diez. ¿Tal vez unas bodas de oro de *La princesa prometida*?

¿Inconcebible? Quizá no.

¿Por qué ha sobrevivido esta película cuando tantas otras no lo han hecho? ¿Qué tiene esta en particular que ha tocado la fibra sensible de públicos de todo el mundo hasta convertirse en la película tan querida que es hoy? No estoy diciendo que sea *Ciudadano Kane,* pero ha sobrevivido. Hay muchas teorías, pero, para ser sincero, no creo que nadie lo sepa de verdad. ¿Hay alguien que sepa qué es lo que hace buena una película? El señor Goldman, como sabemos, opina que no. Yo tengo una teoría y os la voy a contar. Creo que la película ha sobrevivido porque está hecha con el corazón. Por eso tenemos que mirar de verdad a los tiernos y creativos corazones de Bill Goldman y Rob Reiner. Ambos son personas muy diferentes con vidas muy distintas, pero comparten una cosa en común: nunca han dejado de estar en contacto con el amor que sienten por contar historias. Y en esta película exploraron ese amor

FRED SAVAGE

Recuerdo hace años, creo que estaba en el instituto, o acababa de entrar a la universidad, que me encontré con Mandy. Fue una gran casualidad, ya que me crucé con él por la calle. Nunca nos habíamos visto, porque no compartimos ni un minuto juntos en la pantalla. Y no teníamos nada en común aparte de esta película. Y dije: «Creo que deberíamos abrazarnos, ¿no? Los dos formamos parte de esto». ¡Y lo hicimos! ¡Nos abrazamos! Y sentí esa conexión auténtica con él, porque aquello simplemente unió a toda esa gente. Siento que mi experiencia fue única en el sentido de que no compartí la camaradería del rodaje. Estaba muy separado, tanto en la película como en el rodaje. Y por eso nunca conocí a la mayoría de ellos. Pero, aun así, compartimos una experiencia que, de algún modo, nos ha unido para siempre.

CAROL KANE

Es casi como una familia de verdad. Ya sabes, como cuando os juntáis todos. Y ahora, gracias a que la película ha perdurado, todavía nos reunimos, algo que, en realidad, es otro privilegio en sí mismo.

BILLY CRYSTAL

Es como un enorme sombrero viejo que le puedes pasar a alguien de la próxima generación y le sigue sentando bien, ¿sabes? Justo eso. Además, puedes verla junto a un niño sin tener que preocuparte por taparle los ojos con la mano porque hay algo que asusta, o las orejas porque hay algo que no debería oír. Todo está hecho con encanto. Los Roedores de Tamaño Gigantesco, las anguilas chillonas…, todo está hecho de forma juguetona. Si miras a esos roedores, sabes que hay una persona pequeña dentro de ellos. Quiero decir, simplemente lo sabes, y ese es su encanto.

por la narración de una manera que, tal vez, nunca volverán a hacer: contaron el cuento de hadas o el relato de aventuras más extraordinario que existe entre los clásicos.

Desde luego, la película es mágica. Te hace sentir muchas cosas diferentes cada vez que la ves. Como dijo Billy Crystal, te hace sentir bien. Te hace echar de menos tu infancia. Te hace querer tener a alguien que te lea historias otra vez. Te hace querer besar a tu amor, pelear en un duelo o cabalgar en un caballo blanco hacia la puesta de sol… en nombre del amor. En resumen, es el cuento de hadas perfecto.

Mientras reviso la pila de cartas de admiradores, sé que incluso hoy esta película sigue llegando a los corazones de muchos niños, adolescentes y adultos en todo el mundo. Nosotros nos hacemos mayores, pero a la película no parece afectarle el tiempo. Ha descubierto la fuente de la eterna juventud. Sigue ahí fuera, expandiéndose y creciendo de formas que nunca habríamos imaginado y que escapan a nuestro control. Ya no nos pertenece. A ninguno de nosotros, ni a mí ni a ninguno de los miembros del reparto. Ni a Rob Reiner, ni a Norman Lear. Puede que ni siquiera a Bill Goldman.

Ahora le pertenece a todo el mundo.

Y si estás entre aquellos que han disfrutado de esta película la mitad de lo que disfrutamos nosotros rodándola, entonces lo único que puedo decir es…

Bueno…, ya lo sabes.

EPÍLOGO

Trataba de terminar a tiempo mis propias memorias cuando me invitaron a participar en la proyección por el vigésimo quinto aniversario de la película de Rob Reiner basada en la única y gloriosa novela de *La princesa prometida*, de William Goldman, y protagonizada por el autor de este libro para el que tengo el placer de escribir este epílogo, Cary Elwes.

Si bien no podía ir a Nueva York y al Lincoln Center, donde una audiencia compuesta por más de mil admiradores gritaba eufórica una frase memorable tras otra a coro con los actores en la pantalla, al menos una docena de personas me llamaron y enviaron mensajes para contarme el enorme éxito de la proyección.

Nada a lo que haya estado conectado jamás ha tenido un impacto tan grande ni ha recibido tanto cariño del público. Dejadme que diga rápidamente que no tengo nada que ver con *La princesa prometida* a nivel creativo. Mi antiguo socio, Mark E. Pollack, supervisó el rodaje desde un punto de vista empresarial; yo simplemente me enamoré del libro de Goldman, luego de su guion, y accedí a financiar la película. Me sorprendía que todos los demás estudios la hubieran rechazado, sobre todo con gente como Norman Jewison, Robert Redford y François Truffaut vinculados a ella. Después de haber trabajado con Rob Reiner durante nueve años, sabía qué era exactamente lo que le gustaba; incluso éramos vecinos. El guion de William Goldman era deliciosamente fiel a su libro, y eso, unido al hecho de que Rob Reiner diera vida a los personajes de Bill, fue la receta perfecta para una película conmovedora y realmente divertida.

De izquierda a derecha: yo, Robin Wright, Mandy Patinkin, Chris Sarandon, Wally Shawn, Carol Kane y Billy Crystal. Celebración del 25 aniversario en el New York Film Festival. Alice Tully Hall, Lincoln Center, 2 de octubre de 2012. *Foto de Stephen Lovekin/Getty Images.*

En el escenario del Lincoln Center. De izquierda a derecha: Rob Reiner, Robin Wright, William Goldman, Wallace Shawn, Chris Sarandon, Mandy Patinkin, Carol Kane, yo, Billy Crystal y el moderador, Scott Foundas. 2 de octubre de 2012. © *David Godlis*

Rob y su compañero, Andy Scheinman, consiguieron un reparto brillante, con Robin Wright en el papel de Buttercup, Mandy Patinkin como Íñigo Montoya, Wallace Shawn como Vizzini, Billy Crystal como el Milagroso Max, André el Gigante como Fezzik, Peter Falk como el abuelo, Chris Sarandon como el príncipe Humperdinck, Carol Kane como Valerie, Fred Savage como el nieto, Peter Cook como el Clérigo Impactante y, por supuesto, Cary Elwes, el único actor al que podría imaginar en el papel de Westley.

La princesa prometida es, sin duda, una de las obras más queridas (una palabra que no se usa a menudo en este contexto) del cine actual. Nada me ha producido tanto orgullo como que se me relacione con ella.

Norman Lear

AGRADECÍMIENTOS

Se suele decir que «hace falta un pueblo entero para criar a un niño». Pues bien, hace falta un pequeño pueblo para escribir un libro. Debo empezar por dar las gracias a Joe Layden, que ha escrito este libro conmigo. No podría haberlo hecho sin su ayuda, y estaré siempre en deuda con él por la cantidad de trabajo que ha dedicado a este proceso. También quiero dar las gracias a William Goldman, cuya aprobación era indispensable para escribir este libro en primer lugar. Dado que *La princesa prometida* sigue siendo su obra favorita, al principio tuvo dudas al respecto, como es natural. Pero después de unas cuantas conversaciones telefónicas, durante las cuales le expliqué que lo iba a abordar de manera muy tierna, finalmente cedió y me dio su permiso. Y por eso le estoy realmente agradecido, pues de no haber sido así, no me encontraría ahora aquí escribiendo esto. También quiero darle las gracias por sus libros *Las aventuras de un guionista en Hollywood* y *Nuevas aventuras de un guionista en Hollywood*. Ha sido un placer releerlos después de tantos años y me han aportado un fascinante entendimiento de su estado mental durante el proceso de intentar arrancar la película en primer lugar.

El próximo es nuestro productor inigualable, Norman Lear, a quien le doy las gracias no solo por su maravilloso epílogo, sino también por haberme proporcionado todas las hojas de rodaje y las notas del guion, que dijo que me ayudarían a recordar. Tenía razón, realmente me ayudaron. También tengo que darle las gracias por compartir todas las maravillosas fotografías de la colección privada del Act III, que ahora adornan este libro. De hecho quiero dar las gracias de corazón a toda la gente del Act III, en especial a Julie Dyer, Penny Wright, Jackie Jensen y su archivista, Jean Andersen, por ayudarme en la investigación para este libro.

Tengo que dar las gracias a Rob Reiner por su magnífico prólogo, y también agradecer a Andy Scheinman, y a todo el reparto (incluidos a Robin Wright, Billy Crystal, Mandy Patinkin, Christopher Guest, Chris Sarandon, Carol Kane, Wallace Shawn y Fred Savage) por contribuir con sus recuerdos. Puede que este libro lleve mi nombre y el de Joe Layden en la cubierta, pero todas estas personas hicieron un hueco en sus apretadas agendas para compartir recuerdos sobre sus experiencias personales en el rodaje de la película, sin los cuales este libro no habría sido posible. También quiero dar las gracias a la familia, amigos y los socios de André, que ayudaron a completar sus sentimientos sobre la película, en especial a Robin Christensen y Marc Spiegel. Además estoy en deuda con mi querida amiga, Birgit Michelini, por visitar los archivos del Vaticano por nosotros.

Tengo que dar las gracias a mi editorial, Touchstone, por tener fe en mí para sacar adelante el proyecto. Gracias a mi editor, Matthew Benjamin, quien amablemente apoyó mi incursión en el mundo de la escritura, y al resto del equipo de Touchstone y Simon & Schuster, que ayudaron en la creación de este libro y me apoyaron y enseñaron muchas cosas en el proceso, incluidos Sophie Vershbow, Brian Belfiglio, Meredith Vilarello, David Falk, Jessica Chin, Laura Flavin, Elaine Wilson y, por último, Susan Moldow y Sally Kim.

Estoy realmente en deuda con el talentoso Shepard Fairey por diseñar el magnífico póster para la sobrecubierta. Y con su mujer, Amanda, por ayudar a que sucediera. Ha sido todavía mejor de lo que podíamos haber imaginado. (Y si quieres saber un poco más sobre Shepard Fairey, pasa la página). Tengo que dar las gracias a mi mánager Ben Levine, quien me sugirió la idea para este libro en primer lugar y nunca dudó de que fuera a convertirse en una realidad. Y quiero dar las gracias a mi otro mánager, Ryan Bundra, y a mi agente, Katherine Latshaw, por ayudar a que sucediera.

Sería un descuido por mi parte no dar las gracias por su increíble paciencia a mi esposa Lisa Marie, que tuvo que soportar que estuviera secuestrado varias semanas seguidas para cumplir con las fechas de entrega del libro. Estar lejos de mi familia ha sido tal vez la parte más dura del proceso de escribir estas minimemorias y le doy las gracias a ella y a nuestra hija por ser tan comprensivas (¡y a Skype por ayudar a hacerlo un poquito más soportable!).

Por último, quiero dar las gracias a los fans de *La princesa prometida*, tan increíblemente fieles, y que se extienden ahora por varias generaciones. Vosotros sois los que habéis mantenido viva esta película después de un cuarto de siglo y, por tanto, habéis hecho posible este libro. Siempre estaré en deuda con vosotros.

Vuestro humilde Westley,
C. E.

Shepard Fairey nació en Charleston, Carolina del Sur. Se licenció en Bellas Artes e Ilustración en la Escuela de Diseño de Rhode Island, en Providence, Rhode Island. Mientras estudiaba allí, creó la campaña artística «OBEY GIANT», con un imaginario que ha cambiado la manera en que vemos el arte y el paisaje urbano. Su trabajo ha evolucionado hasta convertirse en un aclamado conjunto de obras que incluye el retrato de Barack Obama de 2008 *HOPE*, que puede encontrarse en la Galería Nacional de Retratos del Instituto Smithsonian.

Desde el inicio de su carrera en 1989, ha expuesto en galerías y museos de todo el mundo, tanto en interiores con sus artes plásticas como en exteriores con su arte urbano y murales. Sus trabajos están entre las colecciones permanentes del Museo de Arte Moderno (MoMA), en el Victoria and Albert Museum, el Instituto Boston de Arte Contemporáneo, el Museo de San Francisco de Arte Moderno y muchos otros.

Para más información, podéis visitar www.obeygiant.com.

ÍNDICE

Nota: los números de página en cursiva hacen referencia a ilustraciones

Ático de los Libros le agradece la atención
dedicada a *Como desees,* de Cary Elwes.
Esperamos que haya disfrutado de la lectura
y le invitamos a visitarnos
en www.aticodeloslibros.com,
donde encontrará más información
sobre nuestras publicaciones.

Si lo desea, puede también seguirnos
a través de Facebook, Twitter o Instagram
utilizando su teléfono móvil
para leer los siguientes códigos QR: